触动心灵

移动产品成功法则

（美）SC·莫蒂　著

袁中菊　译

電子工業出版社

Publishing House of Electronics Industry

北京·BEIJING

版权贸易合同登记号 图字：01-2017-7532

图书在版编目（CIP）数据

触动心灵：移动产品成功法则 /（美）SC·莫蒂（SC Moatti）著；袁中菊译. —北京：电子工业出版社，2018.1

书名原文：Mobilized: An Insider's Guide to the Business and Future of Connected Technology

ISBN 978-7-121-32950-0

Ⅰ. ①触… Ⅱ. ①S… ②袁… Ⅲ. ①网络营销 Ⅳ.①F713.365.2

中国版本图书馆 CIP 数据核字（2017）第 262172 号

策划编辑：董亚峰
责任编辑：董亚峰
特约编辑：田学清　赵海军等
印　　刷：北京天宇星印刷厂
装　　订：北京天宇星印刷厂
出版发行：电子工业出版社
北京市海淀区万寿路 173 信箱　　邮编：100036
开　　本：720×1000　1/16　印张：13.5　字数：130 千字
版　　次：2018 年 1 月第 1 版
印　　次：2018 年 1 月第 1 次印刷
定　　价：48.00 元

凡所购买电子工业出版社图书有缺损问题，请向购买书店调换。若书店售缺，请与本社发行部联系，联系及邮购电话：（010）88254888，88258888。

质量投诉请发邮件至 zlts@phei.com.cn，盗版侵权举报请发邮件至 dbqq@phei. com.cn。

本书咨询联系方式：QQ3502629。

译者序

移动产品已经成为我们生活中的一部分，对很多人来说，丢了手机就如失去了臂膀一样。人们都知道未来属于移动产品，每个企业都想拥有移动产品，但移动产品成功的要素是什么呢？

美国硅谷资深人士 SC Moatti 曾经是 Facebook、Trulia 和诺基亚等公司的高管，她使很多企业和专业人士应用简单的方法，在这个“淘金”时代茁壮成长。这本书不仅仅是对技术，更是对人性，以及什么对我们最重要的探讨。

Moatti 向我们展示了因为移动产品已经成为我们的

延伸，因此我们对它们的期望也是对自己的期望：一个有吸引力的身体、有意义的生活和不断增长的技能。她创造了一个包罗万象的公式，很容易就能让任何企业拥有开发出成功移动产品的策略。

形体规则阐明移动产品必须唤起我们的美感，而这种移动世界的美和通常的美既有相似之处，又有不同之处。精神规则说明移动产品必须帮助我们解决最深切的个人需要。思想规则解释企业想在移动产品中成功就要不断分析用户的体验，使它们能够在每一次产品迭代中有所提高。

Moatti 的案例分析来自移动产品先驱，如 Facebook、Uber、Tinder、WhatsApp 等。图书市场充满了如何编写移动产品应用程序的书，但却没有用来考量什么是成功的移动产品的图书。

袁中菊

2017 年 12 月 10 日

前 言

记得 1995 年第一次看到一个 URL 的时候，我还是一个少年，当我在浏览家乡的报纸的时候，突然看到了一则电影广告，在它的底部有一行字“查阅我们的在线网站 www……”

我不知道“www”是什么意思，但作为书呆子的我（现在仍然是）冲到电脑前，用旋转型磁盘开了机，热切地等待了 5 分钟，然后又经受了 10 分钟的系统崩溃和重启。

最后，我终于可以在互联网服务提供商的搜索栏中输入网址，但没有奇迹发生，只得到了一条错误信息。

这并不是什么大事。

我只是想告诉你，1995 年时网页真实存在的问题，昔日网站难用的导航和文本的加载速度都是今天的人们无法想象的。

如果不是花费十年的时间，第一个商业网络浏览器产生，体现了“www”的重要性，几乎就不会有离线资源投入到建立在线展示的工作中。

今天，拥有一个网站就相当于悬挂一个招牌宣布你是开门营业的。

这告诫我们，第一次席卷产业的革命可能会很容易地被忽视。大家经常认为，如果时间允许、资金充足，某些公司也会做到的。但事实上，后来者还是迟了一步，当他们还在决定要做什么的时候，竞争对手已经实现了目标。

写这篇文章的时间是 2015 年年底，移动革命的标志是 2008 年苹果 App Store 的开业，虽经历了短短的七个年头，但这无疑是一个令人难以置信的快速变革。

想想看：在十年前，大多数企业甚至缺乏基础移动业务；而今，一个拥有数十亿美元资产的企业也在移动领域中。事实上，许多全球大玩家和移动服务商只存在于移动领域，如 Uber。

现在的中小企业忽视移动战略，就像以前许多企业忽视互联网一样。然而，现在让你的客户可以通过移动设备和你做生意几乎变得和以前拥有一个网站一样重要了。你的客户想和你通过移动设备联系，变得和以前年轻人想在互联网上查找电影一样热切了。美国有线电视新闻网报道，2015 年超过一半的网络用户来自移动设备用户，使用手机访问互联网的比例在美国显著高于世界其他地区，手机几乎成了访问互联网[1]的唯一途径。

在这本书中，我的朋友 SC Moatti 将告诉你迎接未来需要准备什么？

我第一次见到 SC Moatti 时，她在 Facebook 工作，并邀请我给她的团队讲演。给我留下深刻印象的是，“我只用手机，”她告诉我，“尽量让我的工作中没有电脑。我几乎可以用手机做任何事……”当其他人都在使用笔记本电脑时，SC Moatti 正在超前高效地使用着移动技术，而我们只能在一旁观看。

SC Moatti 意识到移动应用在未来将发挥至关重要的作用，于是她在多年的移动实践中锻炼自己的能力，并学习了如何构建移动服务和应用，同时让用户参与进来，并让他们难以离开。

在这本书中，她勾画出了移动领域的基本规则：什么可行，什么不可行，并分享在 Facebook、诺基亚等公司工作的见闻，用她的话说就是用独特的视角打造“有价值的产品”。

让我们尽情享受移动化吧！

尼尔·埃亚

目　录

引言 第一次移动革命

移动产品已经侵噬了这个世界。[2, 3]

移动技术是比当前大多数技术更强大的技术。更重要的是，与之相对应的移动产品的力量越来越强大，其触角已深入到我们生活的各个层面。

在这本书中，我将解释为何说移动时代已经来临、什么是最好的移动产品，以及它是如何影响行业的现在和未来的。

首先，谈一谈移动产品的力量，以及我是如何对它感兴趣的。

当我们想和科技保持距离的时候，大多数人都会选择相对简单的方式，那就是——扬长而去。在工作日结束的时候，我们离开办公室或工厂，可以关掉电脑、关掉电视。

那么对于移动产品我们应该如何处理呢？我们是否可以通过这样的方法断开与移动设备的联系呢？

轻松地放下智能手机，只有极少数的人可以做到。事实上，统计数据显示，睡觉时每三个人中就会有两个人将移动设备放在床头柜上[4]。它是我们进入梦乡前放下的最后一件物品，也是我们睁开眼之后查看的第一件物品。

没有人逼迫我们将移动设备放到触手可及的地方，并与之共眠。恰恰相反，其实只是我们自己想这样做。我们并不希望外力或其他因素将我们与移动设备分离开来。移动设备已经成为了一种“贴身科技”，我们对移动设备已经产生了强烈的依恋感。使用它们成为了一个持续的几乎无意识的习惯。

如果不是智能手机，我们最喜欢的移动设备会是一只手表？一个耳机？一对隐形眼镜？一个聪明的补丁？智能药丸？数字化神经末梢？因为便携性，移动设备越来越广泛地应用到我们的日常物品中，深深地融入到我们的生活中。

移动革命不是我们可以随时与之断开的简单技术发明。正如我们不能随心所欲地脱离赖以生存的空气或带我们去任何地方的双脚一样。现在，我们早已不能和移动产品分离了。

移动产品更像我们对自身的一种新的扩展与延伸[5]。我们对移动设备的期望和对自身的期许是如此的一致：拥有诱人的形体，过一种有意义的生活。这便是移动产品成功的源泉。

首先，让我告诉大家我是如何涉足移动产品，以及我对移动产品的看法是如何形成的。

我职业生涯中的大部分时间都在帮助公司变得移动化。我已经启动并市场化了多款移动产品，目前这些产品正在被数十亿人使用。

2007 年，我和一群斯坦福的大学毕业生组建了诺基亚的孵化实验室。当移动时代开始来临时，毋庸置疑，诺基亚是市场领导者。我们的使命是建立一个服务——一个通过定位用户手机位置的方式，帮助用户发现一个目标或一个地点的服务。在短短的两年时间内，我们的团队从 3 个人增加到 70 余人。数以百万计的用户下载我们的应用程序，新闻界也给了我们一些非常好的评价。

不久，它的排名进入了应用程序商店的前一百名，并获得了令人垂涎的行业奖项，其中包括一项国际数字艾美奖提名和 WSJ 的创新亚军[6]。事实上，它是非常成功的，因此诺基亚决定将其预装在每一部智能手机中。对于我们这样的小团队而言，这样的肯定具有非常重大的意义。

当时，40%的智能手机由诺基亚售出。与诺基亚在市场上获得如此成功相对应的是，它的几个竞争对手——三星和摩托罗拉等手机制造商都濒临破产。与此同时，在认识到诺基亚巨大的成功的原因以后，一小部分硅谷的主要产品设计也开始从根本上改变它们的策略，迅速朝移动化方向发展。

像苹果和谷歌这样的蓝筹股也冒险将它们的整个业务投入移动市场，并且非常迅速地巩固了地位。这真是激动人心，但一开始我并不知道为什么会出现这种情况。

我想找到答案，于是我踏上了征途，去探索企业和人们如何在这个新的移动时代取得成功。在全球的手机生产商巨头，以及网络内容和在线服务的运营商的严格控制下，移动产品初创企业如何让自己站稳脚跟？现有企业如何应用移动技术巩固它们的地位？更重要的是，对于你、我和我们的所有朋友、同事来说，移动产品意味着什么？移动革命又将如何影响我们的生活和工作？

我试图找到一个公式，来帮助我探索这次移动革命。然而令我失望的是，我没有发现这样的公式。成功的移动公司的内部人士严守着他们的成功秘诀，纵使我努力去阅读各种书籍和博客，充其量也只能了解这次革命的一些皮毛[7]。我最终发现，世界上没有能够对蓬勃发展的移动产业产生巨大意义的指南。

2010 年，我离开了诺基亚，创办了自己的移动公司。在一个离旧金山很近的新城——SoMa，我很荣幸地和一个卓越的开拓团队在狭小的办公室中日日夜夜地奋斗。我们的目标是做出一个能够捕捉移动化本质的产品，它将能够建立人与人之间的联系，能变得超语境和个性化。

我们提出了符合这些标准的想法，在做了一些实验和经历过失败之后，选择了其中的一个创意，那就是约会。然后，我们开始重新细化和提炼这个创意，发现要想和某个人见面，最好的办法就是通过其他的朋友进行约会。因此，我们开发了一款移动产品，以满足近距离内彼此的朋友互相认识的需求，我们认为这种邂逅是一种浪漫。

这款产品推出后不久，我们就发现了一批充满激情的忠实用户。在我们的移动应用程序上，他们可以浏览成千上万（最终会达到几十万）的好友简介，并征求他们的朋友的意见。这个过程简单又不失乐趣，它是超级个性化的，同时也是很安全的。我们一直在根据用户的喜好来提升他们的体验。

我们从一些最聪明的硅谷内部人中筹集资金，并成功激起了 Facebook 等社交网络巨头的兴趣。这些巨头认同我们对移动产品的想法，并且邀请我们的团队加入，帮助他们思考应该构建什么样的未来移动革命。于是，我们卖掉了公司，加入了 Facebook。

在 Facebook，我和一批既聪明又有抱负的同事一起工作，努力跟上公司的爆发式增长速度。他们之所以邀请我加入他们的团队，是因为我在建立移动初创方面有一定经验。但在 Facebook 的工作性质和内容与我在初创公司时截然不同。我以前的工作主要是发现用户会用移动产品去做哪些事情。在 Facebook，我们早已知道用户的需求是什么，因此我们的工作是要在这个移动化到来的时代，紧跟上社交网络令人难以置信的成长速度。

虽然我喜欢在 Facebook 工作，但是我还是决定离开。

Trulia 房地产公司聘用我主管租赁部门，提升领导部门的业绩。即使我们所做的事情依旧是在推动移动革命，但我还是惊讶地发现这次的工作和以往完全不同。因为我既在一个移动初创公司工作过，又在一个飞速发展的移动公司工作过，因此 Trulia 的创办人想要我加入他们的公司。我将大部分的时间和精力都用于增加移动业务收入，巩固已有项目以减少成本，而不是开发移动产品。

2015 年，我应邀担任 Opera 软件公司的董事。Opera 软件公司开发全球移动浏览器和广告网络。Opera 软件公司是当时的市场领导者，向诺基亚和其他手机制造商提供高性能的移动浏览器服务。当智能手机成为主流时，Opera 也完成了自身的改造。在短短几年内，它向全球的十亿部手机提供了移动视频广告服务，成为市场的领导者。

尽管我拥有在几家高科技公司工作的经历，但我还是不能彻底地理解移动革命。没有给我思考的时间，大大小小的组织不断涌进移动革命领域。硅谷企业家更为兴奋，他们相信使用移动产品能够创造新的商业模式，却未认真考虑过它可能对社会产生的影响。美国企业不惜任何代价，匆忙开发并启动移动应用，却从没有考虑过如何能让移动产品带来额外收益。一些国家的政府热衷于访问海量数据，借此防止恐怖主义，却从未考虑它会在何种程度上限制公民的自由。

这一切似乎都是随机的，或许没有人能够定义什么是移动产业的成功。移动产品的性质是什么？对我们生活的本质影响是什么？在特性和功能，以及商业模式和金钱之外，我们对移动革命的愿景是怎样的？

我倾听朋友和同事们的见解，想要揭开伟大的移动产品背后的秘密。我试图找出最成功的移动产品之间的共同点，并了解它们的不同之处。除了在 Facebook、诺基亚、Opera 和 Trulia 等公司和我一起工作过的经理和同事，我还和很多移动领域的先驱公司的高管们沟通过，如苹果、亚马逊、谷歌、Uber、Airbnb、Instagram、Pandora、Yelp、Flipboard、GreenOwl、Lyft、MyFitnessPal、Slack、Tinder、Viber、Andreessen Horowitz、Autodesk 等。

2013 年，我坚持在网站 www. ProductsThatCount.com

上学习，也开始把我学习到的东西写在博客上和大家分享。我的论文被整合至其他网站，包括哈佛商业评论和赫芬顿邮报。很快，就有读者开始和我写信交流，分享他们的学习案例、观点及存在的问题。

多年的经验和研究最终帮助我成功地创建了“移动公式”，那就是三大包罗万象的规则，它们隐藏在一些不同寻常的移动产品之中。“移动公式”也是本书要讲解的主要内容。

只要愿意参与到移动变革当中，任何人都可以被移动化，无论你是大学毕业生、相关领域专家、连锁企业家还是公司领导。无论你是否有自己的移动创业公司，或者是否曾在高速成长的公司、大型企业中工作过，又或者是否同时参加过多个项目，你都需要学习如何将“移动公式”应用到工作中。在这个过程中，你将成为这场革命中更好的参与者，来建设一个更加互联的世界。

这本书也同样适合对尖端技术、市场创新、人工智能

（AI），以及经济学、社会学、心理学等交叉学科有兴趣的人。移动产品早已是你生活中根深蒂固的一部分（如果它现在还不是，那么它将很快深入你的生活），本书将从更深的层次来揭开这些变化是如何发生的。

我意识到，“移动化”看起来像是一本关于技术的书籍，但实际上它是一本关于人类的书籍。当然，我们要关注技术，以及是什么技术衍生了这些伟大的移动产品。但是，如果只研究技术，就无法了解到完整的移动。

为什么？因为最好的移动产品是基于人本主义原则的。强大的移动产品不会向后看齐，也不会只关心 1 秒和 0 秒之间的差距，它们纵观着整个世界和全人类。移动产品不会压制人性，而是释放了人性。

“移动公式”是关于我们和与我们相关的任何事情。因此，除了要研究 Facebook 和 Ubers，我们也要去看看具有前瞻性思维的个人，如数学家 Pythagoras、作家 Leo Tolstoy、哲学家 Martin Heidegger 和政治家 Nelson Mandela，看看他们是如何寻找生活中的大问题的答案的。

本书的框架如下。

第 1 章阐述了移动革命如何在所有层面上改变商业世界，包括技术上、经济上、战略上，甚至文化上。

第 2 ~ 4 章描述了“移动公式”的三个组成部分。这些章节详细探究了最成功的企业如何利用移动，以及移动如何复制人类行为和提高人的体验。

第 5 章探讨了“移动公式”如何适用于过去和现在的移动产品，以及我们如何利用它来预测移动产品在未来的发展。

在本书中，我应用“移动公式”对参与移动革命的公司进行案例分析，告诉大家他们是如何做的，而你又该怎样去做。

若你正在阅读本书，你会发现这本书中引用了很多 Facebook 的研究。这不仅是因为 Facebook 正在做很多值得称道的移动工作，更因为移动革命主要是关于软件的，硬件相对次要。还因为我曾在那里工作，我很清楚该如何做出这些抉择。我不是要将 Facebook 或它们的观点强加到你身上。其实，我写的是一些让人非常惊奇的抉择，这些抉择由几家硅谷新兴工业化经济体做出，包括 Airbnb 和 Pandora。所有我熟悉的公司都是不断发展移动产品的重要成员。

“移动公式”适用于任何规模和目标的公司。由于个体细节有很大的差异，本书提供了一些方法来学习公式的内容并根据实际情况调整自己的战略。当你阅读本书的时候，把需要特别关注的具体方面记录下来，特别是关于“移动公式”怎样套用在具体问题上的相关内容。

在每章的开头都设置了本章要点，对每章的知识要点进行简单讲解，吸引读者继续阅读。

在每章的结尾你都会发现一些要点总结，可以选择某些内容单独回顾，与你的团队进行讨论，并在网络上共享。如果你有任何问题，我都可以为你解答。

新淘金热

CHAPTER 01

本章要点

- 人们花费在移动产品上的时间比花费在计算机上的时间更多，所以企业纷纷调整战略，更专注于移动产品。
- 企业家们正在创造新类型的企业：共享经济企业。
- 这种转变比营销或 IT 要大得多；它更多的是关于企业文化的。
- 过去、现在和未来，是什么领导了所有成功的手机产品——移动公式。它有三个规则：身体规则、精神规则、思想规则。

试想一下，如果你的电话费已经和房租或抵押贷款一样高，你能负担得起吗？如果这样，你是选择不再使用智能手机，还是搬到一个更小、更便宜的地方居住，以继续支付电话费？

2015 年，波士顿咨询小组（BCG）发布的一项全球调查结果显示，平均每人在智能手机上存在高达 6000 美元的隐含价值，更准确地说，这些价值隐含在手机的 App 中[8]。在发展中国家，如中国和印度，这一价值占平均收入的 40%。

这也是有些人愿意为移动应用程序埋单的价格。之所以会有这样的现象是因为有的人对于移动设备的关注已经达到了和衣食住行一样的程度，这个现象已经非常显著了。

现在，在被 BCG 调查的国家中，移动产业贡献了一个国家 5%的国内生产总值（韩国则高达 11%），并代表所有风险资本投资的 8%。久而久之，它超过了除美国和中国外任一个国家的国内生产总值。

然而，与类似规模的其他基础设施（如能源和交通网络）的投资不同的是，它的大部分投资都来源于私人。

移动产业是私人财富，而非政府业务。

因此，移动革命已经开启了新的一轮“淘金热”，让人们如同曾经生活在美国西部的狂野环境里的人一样，都雄心勃勃，始终坚信机会无处不在。我每天都活在诧异之中，因为每时每刻都能看到其所创造的空前繁荣。每个企业都希望抓住这个契机并获得较大收益。

看到了这种潜在的利润，几乎每个和我沟通过的公司都想成为移动领域的第一名。但是，这意味着什么呢？

商务随人而行

自 2014 年以来，台式电脑已并非世界上唯一的移动设备了，如今人们愿意花更多的时间来使用自己的智能手机。因此，公司不可能忽视这种连接客户的渠道。但如果想要更好地利用移动功能营销，就需要有专用的移动产品，如智能手机应用程序。我后续会进行详细解释。

没有移动产品的营销人员会在获得客户上受到很大的制约，因为他们失去了用移动产品做广告的机会。据统计，2015 年花在数字广告上的每一美元费用全部用于移动端上的广告。他们还可以通过移动社交网络（如 Facebook、Instagram 和 Twitter），以及移动信使（如 WhatsApp、Line 和微信）来获得他们的消费者。但是，如果没有一个移动产品可供使用，这些就需要营销人员去做了，致使他们的工作具有一定局限性。

另外，拥有移动产品，如方便实用的网站（也称为自适应网站）的销售人员有更多的方式来获得客户，他们可以提高在谷歌搜索结果的排名。而且，谷歌已经针对这些方便实用的网站优化了搜索算法，他们可以创建链接的优惠，这是个性化用户的时间和空间。

但是，这种优势仍然是非常微弱的，因为当 90%的人花时间在智能手机应用程序上，而不是移动浏览器上时，移动网站的访问量就远远低于智能手机应用程序了。最重要的是，使用公司的移动应用的客户一般比使用其网站的客户更稳定、更忠实。

智能手机应用程序能够让营销人员充分利用移动设备独特而强大的优势获得用户。例如，他们可以使用免费的手机分销和推广渠道、应用程序商店。他们可以推送通知消息给月户，而无须等待用户提出要求。他们可以与运营商谈判，将智能手机应用程序预装到用户手机上，这将会被广泛地推广。他们可以使用所谓的多点触控权限工具，通过多种渠道精确地度量活动的有效性。

“因为移动，我们开始从广告狂人向数字人类转变。”移动性能领先的广告公司 Taptica 的创始人兼首席执行官 Sigal Bareket 说，“一切都是可度量的，因此，几乎一切都是可预见的。”

在《广告狂人》中，几乎不可能预测广告战争的成败。营销被视为“创意”，换句话说，战争有时成功，有时失败，并且没有人能真正知道原因。

移动销售人员不再寄希望于创造性天才，推测谁可能成为他们的客户。相反，他们购买了 ROI（投资回报率）。当他们得到客户的时候，才会付钱。

这种新兴的移动广告业正在以前所未有的方式帮助公司获得消费者。由于移动产品在某种程度上更了解它的使用者，因此营销人员能够更深入地了解客户，并了解如何获得这些目标客户。例如，他们可以知道在纽约市 35～44 岁的男性中，哪些应用中的哪些广告最流行。你不觉得这是一个非常有价值的信息吗？

我们以一家名为 TC 的卖 T 恤衫的公司为例，对上述内容进行解释。我们将会看到，相比于没有适当的移动产品来获取其客户的情况，拥有移动产品将赋予 TC 公司竞争优势。

如果 TC 公司没有一个移动产品，其进行移动广告的途径将大大减少，它可以做广告，或者穿着自己的 T 恤自拍，又或者在 Instagram 上共享，仅此而已。

如果有一个移动网站，TC 公司将不再错过任何一单生意。因为购物者购买前想在电脑上比较价格，同时购买者的搜索结果也会使网站在 T 恤衫的搜索结果中的排名靠前。TC 公司也可以向商场里甚至附近的潜在客户展示特别优惠，这相对而言更好一些，但仍有局限性。

如果 TC 公司有一个智能手机应用程序，就可以通过手机应用程序提高其品牌及促销活动的知名度。它可以通过给客户推送通知，让客户了解最新的产品或特别优惠。它可以跟踪所有购物者进行的操作：他们是否会查找曾经挑选到心仪的 T 恤衫的商店，或者他们是否会首先到这家商店选购，以及他们是否比较价格，这一切，TC 公司以前都无法完成。这一切和从前比起来无疑是更好的：因为这一切都是免费的，节省了公司所有的广告费用。

正如我们所见，移动产品给 TC 公司带来了极大的益处，包括更好的定位、更多的个性化改进、更高的忠诚度、更大的销量。营销者的梦想已然成真。

但开发一个智能手机应用意味着手机已不仅仅是一个营销渠道，更是一个产品。这其中也存在着相当大的费用问题，让我们来看看这一点。

移动设备上的产品往往需要多个平台和版本：iPhone、Android、一个需要经常响应的网站、平板电脑或 SmartWatch 等。据移动分析公司 Flurry 的统计数据，智能手机的应用程序代表着一个由 2 万亿美元基础投资支撑起来的价值 1000 亿美元的产业[9]。

因此，很多企业觉得手机营销是一种负担，是耗资巨大却不见回报的无底洞。他们极力回避需要雇佣移动工程师这件事。移动工程师拥有尖端技术但人数极少，因此，雇佣他们的费用较高。这些企业不认为开发一个应用程序是很酷的，更不要说价值。他们知道必须开发一个智能手机应用，但是不知道为什么。在损益表里，他们把智能手机应用程序列入企业利益损失的部分。

同时，他们开始修改那些复杂的网站，以使其适应小屏幕。通常情况下，这是一段痛苦却见不到成效的经历，最终往往会出现很多问题：较差的用户体验、拥挤的应用商店、有限的商业价值。

在网络泡沫时代，很多企业一成不变地认为互联网是一个负担。当时，许多人匆忙构建能反映他们目录的网站。

如果你很早之前就开始接触网络，可能还记得一些死板的网站。它们会展示主干内容图，点开链接有时会打开一个冗长的产品说明静态网页，有时也会附有一些图片，仅此而已。浏览者无法从这样的网站中读取评论，也无法从一件商品直接跳转到另一件商品，更无法参考其他人购买的商品或比较价格，网络购物简直是天方夜谭。因此，他们一般不会重复浏览网站。这就使得维护网页的成本远远高于它所产生的价值。

告诉你一个秘密：如果你坚持使用相同的方法，你只能得到同样的结果。企业花了十多年的时间计算出了互联网的价值，从电子竞技服务到服务搜索目录。如果企业以对待互联网的方式来对待移动化，如果仅仅通过构建网站的方式来应用移动技术，它还将花费很长的时间来认识移动化的真正价值。他们会一直困惑：移动能带来的收益真的大于成本吗？

让我们回到 TC 公司，如果它拒绝建立一个移动产品，并无视移动革命会出现什么情况呢？很明显，人们不会停止购买衣服，就像人们不会停止打印照片和购买录像带一样。在短时间内，人们的购买方式不会发生变化。

但在 TC 公司拒绝移动产品的时候，很多其他公司都会尝试用移动产品来满足消费者的需求。他们可能会以更加有趣的方式创新。例如，许多智能手机应用程序，可以让人们用自己的照片来“试穿”衣服，颠覆传统的试穿模式。这些应用最近总是占据着话题中心，因为它们是更有效的选择和购买方式。还有一部分应用允许人们运用多种模板在触摸屏上进行绘制来设计属于自己的 T 恤。人们更喜欢这样的衣服，因为这个过程充满了趣味性，并且可以彰显出自己的独特个性。很快，顾客便可以利用 3D 打印机在家里制作出这样的衣服。

这种趋势被称为智能服装，而随着这些公司的成长，它们会发现越来越多的新方式，如给消费者提供试穿、设计并自制 T 恤衫的机会。而这一切都是因为它们使用了移动产品，不断地快速发展以满足消费者的新期望。如果这时 TC 公司仍然选择忽略移动革命,这无疑是自寻死路。

若我们拒绝适应新的时代，我们将被这个时代抛弃，变得孤立无援，战略性的思维不再活跃，最终导致破产。

以搜索巨头雅虎为例，该公司诞生于互联网发展初期，几乎一夜之间就成为了新兴的网络广告行业的领导者。它的搜索技术颠覆了游戏规则，它的门户网站非常受欢迎，它的手机客户端（Yahoo Go）迄今为止仍然是最好的。

当时仍然处于广告狂人时代，人们会愿意拿出巨资给广告商，只为了有一条很酷的广告词。而雅虎公司创始人 Jerry Yang 说：

“我们在看过广告的用户身上获取利润。[10]”

谷歌愿意使用移动技术来扰乱生态系统，而雅虎却甘愿做一个保守的媒体公司。然而令人难以置信的是，董事会依旧相信，人们永远看不厌广告横幅。他们认为搜索是一种时尚，终将消失在潮流中，而他们所放弃的恰好是让他们处于领先地位的东西。

早在 2007 年，人们已经感觉到，雅虎没有跟上时代的步伐。公司在短短一年时间内更换了四个 CEO。它在几年之后做出了反应，与互联网巨头谷歌和阿里巴巴进行合作，并邀请谷歌的高管——玛丽莎·梅耶出任 CEO。

届时，谷歌已经在这场搜索之战中占了上风。移动化就是这场战争中的主体。梅耶迅速采取了行动，利用 30 多个收购积极引进流动人才。不幸的是，为时已晚，雅虎已经在这场战争中失去了先机。

2015 年，当我写下这段文字时，雅虎已经把自己挂牌出售了。因为该公司拒绝适应时代，无法识别已经变化的行为。

否认当前的趋势只能将机会拱手相让。事实上，移动革命创造了全新类型的企业，如新宠优步搭车服务，它们是充满活力的新共享经济的一部分。这些企业不能脱离移动设备而存在，在某种程度上它们是值得探究的。

共享经济的新创业者

共享经济专家 Jeremiah Owyang[11]说：“共享经济是一种基于同行的运动，可以使每个人都得到所需，它是我们的生活和商务等方面的延伸。”这通常被认为是一种利用已有资产（如房子和汽车等）赚取额外收益的途径。

共享经济公司借助移动革命迅速火热起来。如今，三分之二的人通过共享/出租自己的资产，或租用他人的资产加入共享经济。[12]

就拿 Postmates 来说，它可以将消费者、快递员，以及出售货物的商店和餐厅联系在一起。Postmates 无法脱离移动产品而存在。Postmates 的快递员需要不停地利用手机进行行程计算、优化和实时传送。例如，它可以预测餐厅需要多长时间才能准备好一份外卖，因此消费者就不需要漫无边际地等待了。

在旧金山和一些城市经过试验后，Postmates 在美国扩大到 30 多个地区的地铁。它已完成了几百万次的运输。其创始人兼 CEO——巴斯蒂安莱曼，称该公司正在对抗 Amazon。[13]

他说：“亚马逊建立了一个城外的仓库，我们喜欢说它是这个城市的仓库。我们希望了解这个仓库里究竟有什么，并希望组建一支运输队伍。”

随着共享经济日趋成熟，它已经变得更加专业化[14]。一些企业家把自身当作中间商，也就是能力共享者、能力操作者、能力组织者。他们正在创造社会流动性和金融财富。

能力共享者优化资产的选择和使用。大城市对服务的需求很多，他们购买资产，之后通过出租这些资产参与到共享经济中。例如，小车租赁服务“微风”，它根据缴纳的会员费和每周交的钱，租给你一辆车，你可以使用它在共享经济中就业，无论是做 Postmates，还是做 Lyft 司机，抑或是做 Instacart 购物者快递（或同时兼任这三种职业）。而不是像传统的租赁一样，你只能在两个星期后收到车被取消的通知。

在共享经济中，能力运营者用一套重要工具来给自由职业者授权。许多共享经济服务要迎合众多用户的需求。

通常情况下，他们不知道如何经营一个企业，也不知道什么时候该学习。例如，假设你为了工作搬迁到另一个地方，不想卖掉你现有的公寓去换购另外一套公寓，而是租 Airbnb 或 HomeAway 等度假租赁交易市场提供的公寓。如果你真的想升职，你需要有能力来高效地经营：知道所有申请人的能力，能确保在每个客人离开前都将公寓清洁干净，等等。Pillow 公司能够做到上述这些，就可以从 Airbnb 得到佣金。

能力组织者构建社区并建立信任。共享经济目前的一个缺点是，每个参与者都必须通过自己的实践来得出什么可行什么不可行，没有人能保证什么有利可图，也没有组织来确保完全安全。因此，建立一个可以供大家交流的平台就显得异常重要。能力组织者（如 Peer.org）提供一个平台组织、帮助、教育和温暖共享经济体系的参与者。

能力共享者、经营者和组织者参与到共享经济的关键组成部分——灵活性。

共享经济中的工作是非常灵活的。Postmates 快递和 Uber 司机可以在任何他们想要的时间内工作（合法范围内），在任何时间、任何地点提供服务，权力优化器已经成为共享经济的“力量倍增器”，能够帮助人们以喜欢的姿态来生活，也能更好地实现经济目标。

但今天，共享经济被视作额外经济来源，而非基本生活来源。例如快车司机，他们并不认为自己是司机，可能更像音乐家、艺术家或家庭主妇，他们只是在寻找额外的收入来支持他们的事业激情。这种现象终将会被改变，共享经济将作为一种新的经济模式去改变游戏规则。

我相信，共享经济的企业家创造的就业机会，最终将会得到很好的结果。事实上，我把共享视作新福特主义[15]——用来概括主导了 20 世纪的大量生产和大量消耗的经济引擎的一个名词。共享经济就像福特所要建立的服务体系一样。在那个时代，产品很普通，有日常用品（汽车、冰箱等）；同样，在共享经济时代，服务也是普通的（乘坐出租车、杂货店送货）。在那个时代，低技术工人按照统一标准不断重复操作，然后不断组装出产品；同样，在共享经济时代，大多是低技术工人在以一个可复制的方式提供一成不变的服务。

与福特主义不同的是，今天的共享经济中的工人只能获得很少的薪水，甚至无法享受到自己提供的服务。例如，超过五分之三的司机年收入低于 10000 美元，所以大部分人都只将此作为兼职工作。[16]

于是很难看到共享经济能够长期自我维持。但我相信，这将很快改变：共享企业需要提高工资水平，因为竞争日益激烈，所以要不断吸引优秀的工人加入，让这些工人成为自己的“客户”。由此一个新的中产阶级即将诞生。

至此，我们已经了解了移动革命带来的好处，以及如何将艺术和科学完美地融入消费市场。我们已经看到了移动如何催生一个充满活力的新共享经济。

但是，如果一个公司是这场比赛的新手（大部分都是），究竟应该以何种姿态来面对移动化？那就必须认识到移动化不仅仅是一个新的营销渠道、一个很酷的应用程序或附属产品。这绝对不是一碟小菜，而是主菜。它绝非简单地雇佣合适的人开发既定的产品或定制的移动产品。

但是，如果一个公司是第一次进入移动化（现在有许多这样的公司），它将如何应对移动化呢？

这将是全新文化的发源地。

移动先行是一种文化转型

你可能还记得几年前有过这样的报道："Facebook没有实现移动化，这就导致了灾难。"[17]当时，该公司认为移动化仅仅是一项技术而已，于是便让所有的工程师都学习了创建智能手机应用的编程语言。

引领了Facebook移动先行转型的Facebook工程部主管和硅谷元老 Jocelyn Goldfein 说："单单就技术层面而

言，并没有什么难度（移动 APP 开发很简单）”。[18]

Facebook 开设了为期一周的训练营，帮助公司中的所有工程师学习手机编程，但是这种方法收效甚微，反而使 Facebook 的股票从 40 美元每股跌到了 20 美元每股。

“困难的部分是（公司的）文化转型，” Goldfein 承认，“我们从中得到的唯一有价值的东西就是用户体验。”

在移动先行转型之前，Facebook 的核心价值观之一是“快速行动，打破陈规”。改进一个网站一般只需要几个小时就可以完成，然而改进一个智能手机应用则需要几周才能实现。为什么呢？因为移动应用不像网页，在苹果和谷歌发布之前，移动产品会经历完整的质量控制过程。这个过程通常需要几周的时间，并且在它们发布之后，还有一个用户的使用和打分的过程。

我们可以想象一下，一个经常出现漏洞，并且经过几周时间都无法正常使用的应用会对用户和公司造成怎样的影响。开发公司通常会遭遇负面评论、用户流失、销售额下降等一系列影响。当用户发现他们将自己的时间花费在了一个无法使用的移动产品上时，他们会感到自己的时间被白白浪费了，只能通过放弃使用该产品来宣泄不满。

在 Facebook 意识到移动转型是文化转型而绝非简单的技术转型之后，它才真正成为了一家移动先行公司。在那之后，它的股票价格从 20 美元每股一路飙升至 80 美元每股。

为了适应移动开发的需要，Facebook 将公司的核心价值改为“快速行动”，不再致力于破除陈规。

Facebook 通过招揽一批有开发移动产品经验的人士（包括作者本人在内）来加快文化转型。同时，Facebook 策略性地收购了一些公司，包括 Instagram 和 WhatsApp。现在，Facebook 拥有了这些代表性的移动产品，如 Facebook、Instagram、WhatsApp、Oculus Rift 等，以及一些即将推出的产品。

这个原则不仅适用于 Facebook 或硅谷，它还全面适用于整个业界。不论一个企业已经有了一个现成的移动产品，还是才开始向移动产品发展，不管它们是不是共享经济的一部分，对它们来说，在移动产品中取得成功最简单、最好的方法是将移动融入企业文化中。

这个转型给了企业重新思考服务顾客的方式，也是它们重新改造自己的机会。[19]它们将企业想象为一个有着庞大后勤部门的提供移动服务的公司，所做的事情和现在做的事情一样。但这不代表它们应该丢弃现有的制造工厂或商店。这仅仅说明，现在用户会将公司和它们提供的移动服务联系起来，而不是与工厂或商店直接联系。这种联系与这家公司是无关的。成为一家移动先行的公司之后，它们之前的核心业务和盈利模式并不会改变。

成为一家移动先行的公司并不仅仅和技术有关。当然，利用技术很重要，然而除技术人员外，对于其他人员来说，技术是密集的、专业的、难以理解的东西。

真相比我们想象中更简单。问题的实质在于什么让我们成为真正的人类。这是定义文化的关键，不是吗？

要做到移动先行需要我们忘记曾经在大工业时代所学习到的一切。移动先行的目的是让人类可以更加个性化，而非仅仅是一个组织中普通的一员，就像大机器里毫无特色的齿轮一样。因此，移动先行让我们成为有独特个性的个体。

如果你真的明白了它的真谛，就相当于得到了快速开发移动产品的金钥匙。

移动公式遵循以人为本的原则

现在我们暂时先不考虑移动产品，只来考虑一下我们自己的想法。我们喜欢什么？我们讨厌什么？我们需要怎样的帮助？

一个普遍的三部曲——形体、精神和思想——能帮助我们解决这些问题。这个三部曲定义了“人类”这个词究竟意味着什么。

这个三部曲和移动化有什么联系呢？让我们以一个不同的顺序来分别分析三部曲中的组成元素。

形体：我们在求偶、定居或者环境选择、美学和艺术欣赏中都受美的引导和激励。好的移动产品就是用美来吸引我们。我们从两方面欣赏美：审美方面和实用性方面。一位运动员的身体充满吸引力，但其身体的肌肉、结构和体格都具有功能性。移动产品也一样，在 iTunes 之前有很多关于音乐的程序和软件，但是它们都不具有 iTunes 那样的吸引力和便捷性。

精神：我们都在寻找自身和所处群体存在的意义。我们的精神定义我们且将我们标记为独立的个体。同时，我们每一个人又不仅仅是独立的个体，我们也属于一个大群体。最好的移动产品发现了这个二元性。它们适应我们的想法、需求和偏好，给予我们作为个体的意义，成为我们精神的延伸。另外，它们意识到我们的精神和其他精神也在同一个空间运作，因此，它们也需要对我们的习惯、隐私和其他社交准则负责。

思想：我们作为人类的个体和整体不断发展和进化的关键是可以学习和适应环境。正如达尔文所说：适者生存。最好的移动产品不仅仅帮助我们学习，而且能和我们一起学习。我们通过不断地尝试和犯错来丰富经历，不断改错，不断成长。最强的思想者独揽大权。同理，随着时间的推移，移动产品通过用户反馈不断进步，从而得到用户的喜爱。

这三个以人为本的原则是一个好的移动产品的核心价值。因为移动产品是我们自身的延伸，我们期待它们能提供给我们想要的东西。我们希望它们看起来美观，能知道什么是重要的，并能不断适应我们的环境，正如我们希望自己能拥有吸引人的身体、成熟的精神和聪明的头脑一样。

"形体—精神—思想"这个三部曲是移动公式的基础，无论是过去的、现在的还是未来的移动产品，都将遵守这一公式。

- 形体规则告诉我们如何制造美的移动产品。
- 精神规则解释了如何确保移动产品关注我们感兴趣的事情。
- 思想规则描述了移动产品如何适应环境的变化，从而顽强地生存下去。

这三个规则无论是对已经成功向移动转型并寻求用户量和利润增长的公司，还是对刚起步并正在设计蓝图和创造良好用户体验的创业公司都适用。

移动公式简述

移动公式包含三个主要元素：形体、精神和思想。

形体规则

所有成功的移动产品都是美的，然而用什么标准去衡量这些产品的美呢？在移动产品中，美来自于两方面：效率和我称为“哇”的元素。

因为移动产品往往很小，所以没有浪费的余地。移动设计师需要高效的设计，从任务中提取最核心的东西，并逐渐发掘出精髓所在。

这种视觉上的美感让我们无法理性思考其产生的原因，而是让我们感性地觉得这种美很炫目，甚至不由自主地感叹“哇”。移动设计者需要设计出这样让我们“哇”的产品。

精神规则

移动产品最颠覆的一点是它们永远在我们身边。为了成功，它们需要理解对我们来说什么是重要的，并且帮助我们达到这一目的。为了达到这个目的，移动产品需要个性化和社区化。

移动产品越了解我们，它们越个性化。它们从我们作为个体的独特感觉和情感来理解对我们而言什么是重要的。所以我们开始大量使用移动产品并产生情感的依赖性。

移动产品也帮助我们关注社交中重要的事情,包括需要社交规则和礼仪的地方。

思想规则

移动产品必须持续地适应环境。成功的移动产品能迅速适应新的需求，也需要循序渐进。

在移动应用中,用户的行为和技术以不可思议的速度在变化。开发移动产品的公司明白用户数量和产品质量呈正比,他们需要迅速获悉用户需求,并能够及时做出调整,以不断地适应环境变化。

另外，它们同样需要循序渐进。除了通过不断接触新用户、发布新产品或创造新商业模式来改造自己，移动产品别无选择。

我们将在下面几节中验证移动公式,并说明移动先行的先驱公司在今天应如何应用移动公式。然后，我们将把移动公式代入过去、现在和将来的情境中做一些探讨。

要点和分享

现在，所有的公司都知道需要转型为移动先行的公司。移动革命已经创造了一个新的淘金热。如今人们往往花费更多的时间在移动产品上而非电脑上，这在无形之中加“热”了这场热潮。

现在，营销部门向移动市场投入了更多的预算和时间。但是如果没有一个移动产品，它们的选择将受到很大的限制。公司需要引入移动技术，然而，很多公司却将移动部门视为一个负担——又是一个枯燥乏味的 IT 项目。

对于现在的公司来说，成为移动先行的公司可以说是改变公司文化。那些无法适应移动文化的公司将无法生存。它们的失败将为其他公司创造机会。

移动革命创造了一个新的经济形式——共享经济。

无论过去、现在还是将来，移动公式都是所有移动产品的指导准则。因为移动产品是我们自身新的延伸，所以移动公式是以人为主的。我们对移动产品的期待实际上是我们期望自己所具有的：傲人的身材、丰富的精神世界，以及聪明的头脑。所以，移动公式有三个规则：形体规则、精神规则和头脑规则。

- 形体规则：最美的移动产品并不是徒有其表，而是秀外慧中。

- 精神规则：最好的移动产品致力于做那些于我们而言更重要的事情。

- 思想规则：在我们使用最好的移动产品的时候，移动产品也在根据我们的要求不断被改进。

形体规则：最好的移动产品的出发点是美学

CHAPTER 02

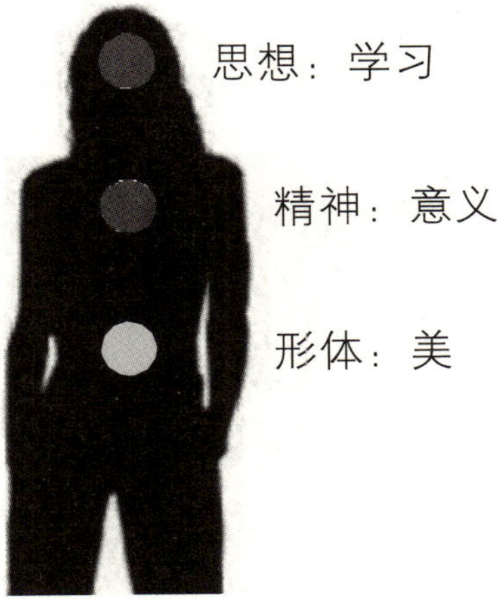

本章要点

- 成功的移动产品必然都是美的，而移动产品中的美则来自于效率和“哇”。
- 效率：移动产品的所有部分都是有用的。移动设计师则需要确保设计的产品都经过了亲自试用。
- “哇”：美的移动产品能触发强烈的感情。移动产品设计需要保证产品通过用户测试。
- 人们在任何情况下都可能会使用移动产品，所以移动产品设计师需要全面考虑所有的可能使用场景。移动产品是我们身体的延伸，所以它必须像我们的身体一样运用自如。
- 移动产品设计师基于两个设计元素衍生出美的产品：聚焦和扩展。
- 本章案例讨论：Airbnb、Amazon Echo、Clara、Flipboard、Instagram、Iphone、KnockKnock、Pandora、Slack、TrafficAlert。

几百年以前，在中世纪的中国，有一个皇帝想要一幅空前绝后的关于龙的画，所以他请当时一位著名的画家来完成这个任务。于是这个画家隐居到一个森林的岩洞中开始作画。

经过几个月的辛苦努力，这位画家向皇帝展示了他的画作。

然而，皇帝看了这幅画之后勃然大怒，下令处决了这位画家并焚毁了那幅画。那位画家画了什么，以至于触怒了皇帝呢？

他画了两条平行的“S”形曲线，哪怕是入门级的书法爱好者都能画出这样的两条曲线。

几年之后，这位皇帝狩猎时在森林中迷了路。他在休息的时候发现了一个洞穴，走进去之后看到墙上盘着成百上千条龙。皇帝向洞穴深处走去，最终看到了那两条简单的“S”形曲线，这让他骤然想起了之前那位画家。

皇帝恍然大悟，意识到那位画家是正确的：那两条简单而流畅的曲线完美地捕捉了龙的神态，的确是最符合自己要求的画作。

皇帝追悔莫及，最终以画家的名字命名了这片森林，以示纪念。

我喜欢这个故事。美没有明确的概念，美丑也没有明确的分界，有时让人无从分辨，有时甚至容易让人误解。

那么，分辨美丑有没有技巧可循？就这个故事而言，有没有一个万无一失的秘诀能让皇帝避免犯错呢？

我们很难论证一个成功的移动产品就是美的。回想一下 iPhone、Instagram、Airbnb、Flipboard 等产品，我们可以感受到在这些移动产品和服务中蕴含的美，然而却没有人能准确地指出具体美在哪里。因为，定义美一直是一个难题。

为了得到一个可以明确定义美的方式，并以此创造出成功的移动产品，让我们先看看在艺术领域中是如何定义美的。首先，从客观来看，效率从某种意义上讲是美的。其次，从主观来看，美是“哇”。我们将从客观的定义开始解释。

美与效率：无浪费

在古代，特别是古希腊，人们认为美是可以量化的，并且是主观的。他们发现数学几乎可以给这个宇宙中的所有事情一个完美的解释。

古希腊的建筑设计师和雕刻师总结出了著名的黄金分割定律，这个关于对称、比例和和谐的完美平衡[20]能用数学公式清晰明了地表达。古希腊的数学家毕达哥拉斯甚至在音乐中应用了这一定律。他发现和谐的声音其实就是一个简单的数率，这成为了之后所有音乐理论的基础。

这些对美的客观定义统治了欧洲几个世纪之久。在18 世纪晚期，法国皇家绘画和雕塑学院有一个近乎垄断的审美标准。他们组织如巴黎沙龙展这类的艺术展览，展示当时被视为世界最美丽的艺术作品。

但是当法国人相信他们已经在客观上定义了美之后，一群艺术家，包括作品被巴黎沙龙展拒绝的画家爱德华·马奈，开始了印象主义运动，改变了法国人对于艺术的看法。

印象主义艺术家故意在画布上用上百种可见的笔触强调光、材质和运动状态。但传统画家认为这些画作是丑陋的，因为这些画与他们所画的东西看起来并不像。但是经过漫长的岁月之后，印象派最终成为了艺术史上最有影响力的派系之一。

印象主义的崛起为艺术界敲响了警钟，它提醒了人们美是两极化的，某些人深爱的艺术类型也有可能被其他人厌恶。

还记得中国画家画的那两条龙吗？皇帝从未明白那

两条龙究竟美在何处，直到他亲自走进那个洞穴。当他领悟之后，他爱上了画中的龙，亦如那位画家一样。

那条龙和印象派的画作中的美也许并非所有人所必需的，但移动产品却是人们不可或缺的，因此它们必须是美的。就像我们之前讨论的那样，移动变革如此重要是因为数十亿人已经有了他们的个人移动设备：一部智能手机。以 iPhone 为例，人们平均每天拿出它 110 次。[21]如此看来我们离开手机根本无法生存。

所以每一个移动产品设计师都肩负一个不可能完成的任务：用一个只能触摸和打电话的设备让数十亿人在 1 天中开心 110 次。

他们怎么做到这一点呢？在移动产品中，美体现在效率中，可以用一个常用的公式来表达——伯克霍夫公式[22]：

$$M = O/C$$

乔治·大卫·伯克霍夫是一个因发明各种数学公式而

出名的数学家。1993 年，他在著作《美观程度》[23]中发布了上面的数学公式。这个公式现在仍被研究、设计和评估产品和服务的专业人士使用。

在伯克霍夫公式中，M 是美丽的度量变量，O 是简易性，C 是复杂性。该公式说明美的程度随着简易性的增长而增长，随着复杂性的增长而减少。

换句话来说，类似于古希腊的黄金法则中隐含的道理：美丽是在混乱中创造秩序。让我们来看几个例子。

一开始，移动革命最好的产品就具有令人惊讶的美感，它们让我们惊呼“哇”。还记得第一代 iPhone 发布的时候吗？斯蒂夫·乔布斯在苹果用户年会的演讲中说[24]，“我已经期待这一天长达两年半之久，今天，苹果将重新定义手机。”

“这是一款魔幻的产品，”他在说的同时让 iPhone 从口袋中慢慢滑出，为了使这个动作一气呵成，他排练了好几个小时。iPhone 的美大家有目共睹，观众给予了乔布斯热烈的掌声。

但是人们热爱 iPhone 不只是因为它外观上的吸引力，更是因为它流畅的操作和效率。“iPhone 让我们明白比鼠标更好的工具是手指。”乔布斯这么说。没有触控笔、没有多余的键盘、没有鼠标，这使 iPhone 成为了极简科技产品成功的典范。这个产品设计理念就容易被所有人接受了。

就像乔布斯所说的，操纵智能手机最简单的工具就是手指。所以为了创造一个令所有人满意的用户体验，设计师依赖于拇指实验。

拇指实验是移动产品设计中最重要的规则之一。为了通过拇指实验，一个任务应该能被一个有平均拇指大小的用户轻易地完成，在任务完成过程中不会意外地碰触到任意一个无关的链接、按钮或其他设计元素。

符合拇指实验的一个大师级产品是潘多拉——一个个性化的电台服务产品[25]，这个团队创造了一个在拇指周围的电台。潘多拉从世界上最大、最复杂的音乐库中建立定制的空中电台。大家是否如我一样，觉得从浩如烟海的专辑中找到几首中意的歌是很让人不耐烦的事情。

显然，潘多拉的设计很精致优美，他们确实很认真地思考了拇指实验原则，甚至专门使用一个动词来描述这个原则：拇指滑动，能够基于用户的偏好创建个性化的电台。用户需要做的仅仅是滑动手指来表明是否喜欢这些歌曲：上滑表示喜欢，下滑表示不喜欢。

潘多拉通过一种被称为“音乐基因”的东西[26]，使用了400多种不同的属性来定义一首歌的音乐质量，从旋律到节奏，再从节奏切换到歌词。使用这种音乐基因，可以将复杂的音乐品位定义表述成一种很简单的决定——如果你喜欢这首歌，就点赞；反之，你也可以表达相应的态度。

竖拇指理所当然地成为了美的一个客观标准。

几年前，一款设计优美的移动产品占据了各大媒体的头条：Instagram。这一可以共享照片、视频和社交的移动服务吸引了四百万用户[27]。Facebook在2012年用10亿美元收购了这家公司。当时看起来高额的收购价令人惊讶，然而之后几个类似的收购案使这个收购价看起来像讨价还价之后的结果[28]。例如，谷歌花费 30 亿美元收购了一家设计智能恒温控制器的公司 Nest。这些巨大的收购金额告诉我们：一些前 100 强的企业将设计美视为一种巨大的价值。

Instagram 又是一群雄心勃勃的企业家将效率的美体现在移动产品中的例子。他们将复杂的图片和视频编辑步骤变为几个点击操作，使所有人都可以创建和共享精彩的照片和视频。这成为了一种新的自我表达方式，一种新的我们和周围世界连接的方法，一种新的创造和共享珍贵回忆的方法。

就像之前所讲的故事，中国艺术家能将龙简化为最重要的本质——两条平行的“S”形曲线一样，Instagram 将在暗房中洗底片、打印照片和邮寄照片给朋友和家人的一系列过程简化为最重要的本质：点击几下。

一家我曾经做过顾问咨询的公司——GreenOwl 的移

动产品告诉司机可以安全、快速地到达目的地的路线[29]，在拇指实验的基础上有了更进一步的改善。

GreenOwl 的服务——TrafficAlert 是完全不需要用手操作的，它提供基于环境的声音警示，响应实时环境，依赖声音识别和用户互动，它让司机关注更重要的事情：路况。如果有一个意外或者其他的延迟在前面发生，该应用会基于司机的当前位置发送另一条路径，使司机能立即改变路线。因此，该应用成为了加拿大主要的交通服务应用，并且快速地在国际上推广。

GreenOwl 的美在于它的操作甚至不需要手。

类似地，一些移动先驱创造了完全看不见的智能手机应用。设计大师和作家 Golden Krishna 写了一本叫作《最好的界面是没有界面》[30]的书。他在书中表示后台运行的过程比在屏幕上显示大量内容重要。

以一款亚马逊的声音控制装置（亚马逊回声）和它的自动回应角色（Alexa）为例[31]，你完全不需要摆弄智能手机，你需要做的只是和 Alexa 说话。比如，要听一首歌或者读最新的消息，这款产品就可以直接为你播放。

Clara——能在收到 E-mail 之后，据此自动安排会议的应用，这是它的神奇之处，同时它也是一个看不见的应用[32]。Clara 不需要你停下手中的工作去策划其他工作，不需要打开你的日历，不需要输入 E-mail 地址，也不需要设置电话号码等，其他以前需要手动完成的操作都不需要。应用的交互也不会妨碍你正在做的工作。它仅仅是帮你完成了你希望做的事情。重要的是你看不见它，它悄悄地完成了你想要做的事情。

推广到极致就是，即使你看不到它，但你不可否认它依然是“美”的。

从简单的手势，到完全不需要用手操作的产品，再到看不见的应用，我们逐步实现了客观定义的美所包含的多个方面。使用这些产品并没有任何难度，一切都简洁高效，没有被闲置的东西，无论在谁的眼中，这些都是美的。

美和“哇”：一个直接的经验

当希腊数学家毕达哥拉斯声称数学可以给所有事物一个完美诠释的时候，俄罗斯作家列夫·托尔斯泰则声称艺术是完全主观的。在他的作品《什么是艺术》[33]中，他举例论证了美的判断主要由旁观者决定。

托尔斯泰说：有些关于美的事情是奇怪的，甚至是有些魔幻的。美的东西令人产生同感，如果一个观察者觉得一幅画是美的，那它就是美的。如果一个聆听者被一首交响乐感动，那这就是一段动人的音乐。艺术品的价值由欣赏者决定，而非我们所想的那样，由艺术家本人来决定。

感受美是我们的本能。一个美的事物会在我们的内心深处产生共鸣。当我们感受到美的时候，我们会不由自主地发出“哇”的惊叹。

移动产品中的美同样源自于此。让我们看看以下例子。

为了了解用户想要什么，个人化的新闻服务 Flipboard[34] 创建者迈克麦丘用了一个聪明的方法：母亲测试[35]。

他在2010年创建的Flipboard改变了人们获取和传播新闻的习惯。用户可以获取到感兴趣的全球新闻，同时共享感兴趣的故事、图像和视频。

麦丘告诉他的员工，持续思考他们的母亲会对他们创造的东西有怎样的反应——现实中的，甚至是想象中的。

“比如，你可以想象在感恩节的时候，你母亲问你‘你都在干些什么呢？你在创造什么呢？’如果你回答这个问题后，她迷茫地看着你，并不十分明白你在说什么，那么你所做的事情可能并不是很理想。”

麦丘继续描述母亲测试的真正含义：“想象一下普通的人们使用它时可能产生的反应——他们是想要从科技产品中受益的，并不愿意花时间去适应产品。他们只需要明白这个产品的作用和使用方法。这么做只有一个目的，就是让人想要使用这个产品。”

麦丘相信，站在朋友或家庭成员的角度来看待产品，是开发一个满足所有人需求的产品的关键。

如果你想开发一个能使所有人满意的产品，必须先通过母亲测试。只有做到这一点，才能算是真正开发了一个好的产品。

Airbnb 度假出租服务[36]的创始人 Joe Gebbia 在母亲测试的基础上进行了更深入的研究。他认为设计一个好的移动产品仍需要进一步了解人们需要什么。

这家公司由两个挣扎在生存线上的室友于 2007 年在旧金山创建。他们在客厅给旅行者提供空气床垫和家庭早餐。现在，Airbnb 已经被 190 个国家超过 150 万的用户注册。

“我们站在客户的角度考虑问题”，Gebbia 在他的博客[37]中写道：“我觉得这有一个通用的原则。无论是在现实世界中，还是在网络世界中，这些原则总是惊人的相似。”

以 Airbnb 的愿望清单为例，几年间 Airbnb 的注册用户能够给他们浏览的房产评级并保存到收藏夹中。Gebbia 的团队感到一颗星星是一个通用的符号，并决定将其更改为一个爱心。因为一个爱心比一颗星星更鼓舞人，它揭露了用户想要冒险和拥有独特经历的心理。

这个简单地将星星更改为爱心的举动使人们的愿望清单中的地址数量上涨了 30%。换言之，用户产生了“哇”的惊叹。正如 Gebbia 所说：“有时，细节决定成败。”[38]

心是美的主观体现。

KnockKnock——创业公司 Humin 的一款帮助用户更好地管理联系人的移动产品也使用了相同的方法[39]。Humin 的联合创始人 Ankur Jain 说：“我们摆脱了人们见面时的尴尬。”

KnockKnock 让我喜欢的一点是直观。它的服务就像敲门一样，在门后的人决定是否开门，如果门后的人选择开门就继续选择是否分享。它也可以使用蓝牙来交换联系人信息。在这个过程中没有令人尴尬的输入过程。

领先的产品设计公司 Frog Design[40]把这种方法称为设计思想，或者以人为本的设计。设计者让自己完全沉浸在用户的生活中，体验他们日常生活中受到的限制，然后努力将每一个交互都变成解决这些问题的方式。通过这样的做法，用户被产品惊艳到并有了愉悦的使用体验。设计者和用户在某种程度上是有相同感受的，而且所有的设计都基于此。因此，通过这种方法设计的产品更容易和用户产生共鸣。

推广到极致，美就是普遍的、深层次的、全面的共鸣。

美依赖于环境

美不是凭空存在的。它需要在特定环境中彰显出重要性。如若没有山洞墙壁上的画作与那两条曲线相比较，那位皇帝或许永远都不会认为当初的判决是错误的。

这就体现出了移动产品所面临的一个严峻挑战：移动产品不仅仅是在某个特定环境下被使用的。它的特性决定了它会随时被我们带在身边。它可能会在任何环境下被使用，甚至需要兼容任何和它同时工作的产品。

硅谷设计大师 Joe Robinson 推荐设计师阅读科幻小说[41]，因为这将帮助他们幻想未来会是什么样子的。当设计师了解了用户使用移动产品的不同环境后，他们将尽最大努力去设计能在任何情况下都使用的产品，以满足用户的需求。

以第一代 iPhone 为例，苹果的设计师知道人们喜欢做三件事：听音乐、和朋友聊天和浏览网页。在 iPhone 出现之前，人们需要使用三个不同的设备来做这些事：一部 iPod、一部手机和一部 PDA（掌上电脑）。

iPhone 把这三个设备完美地结合在一起：一部大屏 iPod、一部触屏手机和一个迷你网络浏览器，这改变了人们需要携带多种设备的情况。这个结合本身是很美的，因为它随时随地都可以使用。

现在让我们来看看在工作环境中的商业信息服务——Slack[42]。这个服务被称为“有史以来增长最快的商业应用[43]”。Slack的创建者——Stewart Butterfield是一个在认知学科颇有造诣的设计师，还创建了照片分享服务Flickr[44]。

Butterfield利用Slack变革了工作场合的交流。在大多数的公司中，讨论是分布式的。一个团队的工程师召开会议是通过电话、E-mail，还是在线讨论呢？如果要同时跟踪这三种方法的交流很不容易。Slack将这些不同的通信系统集成在了一起，使同时跟踪事物和联系变得容易了。

IT行业爱Slack。为什么？Butterfield保证了Slack是容易设置和维护的。它的美在于它能轻易融入任何办公环境。

为了理解为什么这个特点具有重要意义，你需要明白大公司需要依赖很多不同的办公工具来运作，而且这些办公工具需要能协调运作。一旦其中一个工具出现问题，就会像多米诺骨牌中的某张牌突然倒下一样，直接导致整个系统瘫痪。所以，IT 部门开始谨慎考虑新技术，尤其是在该技术和很多其他重要的工具（如 E-mail 和聊天工具）交互的时候。

对于 IT 行业而言，不幸的是移动产品从最初就是作为个人设备进入市场的。它与被公司优先使用的电脑有所不同，智能手机优先出现在人们的手上。所以，移动手机是被看门人、销售人员、行政助理、财务分析师等带到工作环境中的。因此移动公司需要在这些既定事情的基础上，在流行性和便捷性上下功夫。

在 Slack 这样的服务出现之前，IT 行业觉得很难适应移动产品，因为他们觉得这些并非他们真的想要的，而是被强加在身上的。他们无法控制员工在手机上使用怎样的应用，因为智能手机是属于个人的，而非公众的。

而像 Slack 这样的移动服务发现了这一问题，并为解决此问题进行了设计，使 Slack 完美地适用于所有的工作环境中。毋庸置疑，这个产品是美的，它既满足了工作的高效性，也让我们不由发出惊叹。

现在我们理解了移动产品的美可以概括为高效性和“哇”，并且也体现在它完美地在任何环境中工作时。接下来要思考的问题是，移动设计师怎么将这些书面上的概念内化于心，并成功地应用于移动产品？

因美而生：移动产品是身体新的部分

所有的移动产品都是基于以人为本的原则设计的，它们非常符合人的使用习惯，所以给人一种简单的错觉，让人觉得所有人都能随便地设计出来。这与之前讲的画龙的故事是一样的道理。

然而事实并非如此，一款美的应用产品的产生并非一蹴而就的，而是长久的观察思考和辛勤工作换来的。若是移动产品设计师想要创造这种美，就必须仔细考虑两点：专注和扩展。专注是通过预见性来建立与用户之间的信任，一旦信任被建立，扩展元素将实现依据用户的情感和环境进行个性化体验。

关注设计元素可以是一个明显的调用动作，如订购表单中的“OK”按钮；也可以通过一些微小的互动让人们无缝地沉浸在周围的世界中，并且加深它们之间的联系。

它们是建立用户与移动产品坚固关系的必要因素。随着时间的流逝，逐渐建立起与用户的信任、尊重和亲密无间的关系。它们建立了简单、可预见的沟通规则，使得用户的生活更轻松方便。通过这些规则，移动产品增加了交易价值，逐渐在人们的生活中充当不可或缺的角色。

随着信任被逐渐建立，用户们便开始期待更多，这时便是扩展元素加入的大好时机。

扩展设计元素看起来仅仅像一种普通获取准许的请求，比如获取用户的地址簿跟踪他们的方位，或者给他们推送通知。他们使产品可以及时“了解”用户的心情、时间和位置，以便更深层次地实现个性化。移动产品本身就可以了解到用户认为重要的事情，从而去掉无用的操作，使用户的使用过程变得更加简洁，也提升了使用价值。

即使现在，构建一个移动产品相对来说也并不容易，但我还是相信事情的发展方向并非现在所见的这般。

回想汽车刚起步的时候，先是设计师在高级工作室里构思出原型，然后一群工程师、技术员和工人进行组装。如今，组件在世界各地被大量生产，然后在工厂中被机器人组装，人力只占其中的一小部分。

计算机组装也是相同的模式。起初，计算机由一个很专业并实现了跨功能的设计团队全权负责设计和建造。现在，公司可以买下预制组件并按订单要求组装电脑，戴尔公司就是这样做的。

移动设备本身就是被合理地组装在一起的组件集合。我相信这也会在软件上实现：智能手机应用会很快地变成标准组件的组合体。

让我们先来思考一下。相当一部分的智能手机应用都要求用户先登录，所以登录流程就可以视为一个标准组件。而且，我们已经看到了第一个标准化登录的尝试——用 Facebook 账号登录其他应用。

支付流程也可能变得标准化。和其他公司的经营目的一样，移动公司也需要赚钱，所以它们需要面对大部分客户的支付行为。Stripe[45]提供的工具是进行移动标准化支付组件的早期尝试。

这些标准的用户流程将变成智能手机应用的连接组织。当标准化之后，它们将变为一个实用的工具，同我们家里的水电设施一样。细节可能会有一定的变化，比如控制开关是传统开关还是光控开关，但底层的系统并未发生实质性的变化。

终有一天，移动应用也会如此。

因美而生：

关注和扩展设计元素

移动设计师依赖两种设计元素：关注和扩展。[46]

关注设计是用户和移动产品之间坚固关系的基础。它提示给用户的信息恰好是用户在寻找的信息。在智能手机的主界面，一个关注设计元素可能是应用图标右上角的红色数字提示。它提醒用户自上次检查之后又有新的事情发生了，提醒你错过了什么、你需要跟上朋友的脚步、了解他们的动态、是时候联系他们了。

关注设计元素有以下五种类别。

信息载入：包括使用教程、登录流程、帮助和应用商店描述等，载入内容向用户传达他们能从该应用中获得的价值。移动公司已经知道用户会投入很短的时间和很少的注意力来决定是否使用该产品，这样信息载入元素就显得很重要，有的移动应用甚至能利用信息载入元素在用户登录之前传达有用的信息。

单任务：包括主屏幕、按钮、搜索栏和预定义操作，能让用户清楚地知道他们需要完成什么。如之前提到的一样，移动公司经常会将拇指测试作为移动设计最重要的原则之一，即用户使用拇指来完成一个任务时，不会意外地碰触到无关的链接、按钮或其他设计元素。

导航：如菜单、导航条和图标，允许用户在应用的单任务之间切换。导航元素经常被隐藏或者放在边上，以使其他重要的元素占据屏幕的中间位置。在大多数情况下，一个导航既能让事情显得并不繁杂，也容易被操作。没有好评的应用大多因其用户体验差，其根本原因就是导航设计不好。

性能：如崩溃、启动慢、链接失效、超时和其他的性能问题，告诉用户这个应用的构建基础并不成功。当用户发现他们在一个无法使用的应用上浪费时间时，他们会觉得自己的时间没有被重视，因此拒绝这个应用。这将导致用户评论差、用户流失、销售额下滑等一系列问题。性能元素关注在高效性这种不能称之为问题的事情上。

手势：如点击和互动，会在允许触摸交互的移动设备中出现。用户期待的可能有：点击某个感兴趣的东西就会出现关于此物的详细解释，向右滑动就可以删除等。若你在一个新的旅行应用中浏览航班，你看到一个符合要求的返程机票并点击了它。你期待发生什么呢？如果什么都没有发生呢？甚至是发生了其他你没有想到的事情呢？你还会再次使用这个不顺手的应用吗？

关注设计元素随着时间推移不断构建信任、尊重和亲密度。随着信任的建立，用户开始期望更多。这就需要得到用户更多的个人信息，然后才会有更多的扩展元素。这分为以下两种类型。

获取：如警告或弹出框，提示用户给予获取个人数据的权限。这些数据包括用户的现有联系人、照片、日历、实时位置或健康数据。从用户那里获取的这些私人数据，能让一个应用智能猜测到用户在某个特定的时间和地点最需要的是什么，并能随着环境的变化不断更新。

推送：如推送通知，将代替手机应用将信息发送到一个用户的手机上。你可能已经在你的手机上注意到了它们——它们在你收到一封新的 E-mail 的时候，一个朋友在 Facebook 上更新动态的时候，或者你 Hay Day[47]的庄稼可以收割的时候弹出气泡。推送通知坚持使用简洁透明的设计，用户甚至不需要再打开相应的应用就可以获取到有用的信息。

好的设计之所以能脱颖而出是因为一个好的移动产品加强了用户和真实世界的联系，而非让用户沉迷于虚拟世界无法自拔。关注设计元素通过使一件困难的事情变容易来建立信任。扩展设计根据用户的体验进行个人定制并加深他们和外界环境的联系。可以做到这些的移动产品变为用户身体的虚拟延展。

因美而生的 Instagram

让我们看看 Instagram 是如何融入我们的生活的。

Yann（化名）是威斯康星大学市场营销专业的毕业生。他是一个心怀梦想、有很多朋友和奇特幽默感的聪明学生。但是技术工作并不是他的强项，事实上，相比于盯着电脑看一晚上而言，他更愿意花一个晚上和朋友厮混。

白天的时候他不停地查看他的手机，喜欢在 Instagram 上分享他的生活。Yann 沉浸在 Instagram 的时候，并不需要考虑曝光度、色泽或对比度等技术问题。

“这个应用很简单，也很美。”他边说边滑动查看他关注的用户最近发布的照片。“我的祖父是一个 60 多岁的时尚摄影师，我喜欢他给我讲暗室和明胶银版法印像的故事。这让我感到我附身在广告狂人中的某个角色身上，但是我从没有想到制作一张照片需要花费这么多功夫。”

Yann 对 Instagram 充满热情是因为什么呢？为什么这个应用能让他发出“哇”的惊叹？因为他喜欢简洁的设计，他通过 Instagram 与他的家人、朋友或网络上的人分享他的生活。当他打开 Instagram 的时候，就可以开始创建漂亮的照片。他只需从众多优美的滤镜中选取一个来表示气氛即可点击发布。发布之后，他马上可以转到首页浏览其他人分享的美丽画面。

想象一下，你第一次看到 Instagram 上的照片的时候，它是否让你会心一笑呢？或者让你想到照片上的地方？你感受到和作者之间产生了某种奇妙的化学反应了吗？

创建照片的简单点击就是关注设计元素的绝佳示例，手势使捕获和分享记忆变得更容易。类似的，在 Instagram 底部的导航条是关注设计元素的另一个示例，它们使用户可以在发布照片和浏览照片之间随意切换。

一旦 Yann 有欣赏创建美丽照片和视频的美好体验，他就会感到使用 Instagram 与朋友在 Facebook 或其他社交网络中分享内容很舒服。他用名誉作为赌注，来赌这个应用会令他满意，会让他的朋友喜欢。

当 Yann 首次尝试和分享照片的时候，Instagram 使用扩展设计元素来获取他通讯录的权限。Instagram 仅仅使用这些信息来分享 Yann 的图片和视频，绝不会分享任何其他的 Yann 的隐私。

当 Yann 对某些发布了他很喜欢的照片的摄影师感兴趣的时候，就可以选择和他们建立联系，比如关注他们。

这时他就可以给 Instagram 权限，在那些摄影师发布新照片的时候推送通知给他。

通过简洁透明的设计来建立信任，Instagram 获得了 Yann 的允许，可以把他和一群志趣相投的人连接起来。他说："我已经交了一些新的朋友。我们有很多的相似之处，我已经迫不及待地想和他们见面了！"

对于 Yann 来说，Instagram 已经是他自身的延展。它让他以全新的方法和周围的世界相结合，并加深他们之间的联系。

成功的移动应用以这样的方式提升人们的生活质量：它们复制并丰富人们的行为和互动。它们自身的美是诱人的，它们优雅的个性化内容吸引了用户的注意力，它们透明的流程消除了用户的使用障碍。

要点和分享

- 所有成功的移动产品都是美的，但是怎么定义这种美？移动产品中的美来自于高效和“哇”。

- 高效性：古希腊数学家毕达哥拉斯相信美有一个客观的定义，就像黄金分割一样。在设计移动产品时，它转变为优雅和简洁、没有被浪费的东西。移动设计者使用拇指测试来评估他们设计的产品是否符合客观定义的美的要求。

- “哇”：俄罗斯作家列夫·托尔斯泰认为美是主观的，美的艺术会让欣赏者产生共鸣，我们欣赏美的本能是相同的。在设计移动产品时，它转变为直觉和以人为本的方法。移动设计使用母亲测试来评估设计的产品是否符合美的主观定义。

- 美并不是凭空产生的。不把用户使用环境纳入考虑范围的移动产品是失败的。设计移动产品的时候，移动设计师必须仔细考虑所有可能的使用场景。

- 移动产品设计师设计美的产品，需应用两个元素：关注和扩展。关注元素通过用户可预见来培养信任。一旦信任建立，扩展元素就使产品可以根据用户的情绪和环境变化实现个性化。如今，开发一个美的移动产品仍是不容易的。但是，移动产品逐渐标准化会使开发在一定程度上变得容易。

精神规则：最好的移动产品是对我们有意义

CHAPTER 03

本章要点

- 移动产品最终是个人的产品，它们永远在我们身边，并且了解对我们而言什么是重要的。移动化的意义来自于个性化和社区化。
- 个性化：移动产品让我们感受到被关怀，它们根据我们的情绪和所处环境进行个性化定制。
- 社区化：移动产品建立的社交准则和礼仪让我们产生了归属感。
- 移动产品就像知道我们所处环境的朋友——环境并不仅仅是单纯的环境，也包括我们正在经历的事情和我们内心的感受，它们更像我们精神的延伸。
- 移动公司使用两种类型的滤镜来建立产品的意义：内部和外部。
- 本章案例讨论：Facebook、Google Glass、Siri、Tinder、Trulia、Yelp。

居住在旧金山的患有抑郁症的作家西奥，经历了一场痛苦的婚姻，最终选择了离婚[48]。为了让自己以一种积极的态度去面对孤独，他买了一个类似 iPhone 中的 Siri 的人工智能助理——萨曼莎。

萨曼莎是一个不同于其他所有设备的设备。她聪明，能随机应变且对主人不离不弃。它让西奥觉得自己受到了重视，是世界上独一无二的存在。尽管它只是一个软件，但西奥还是不可自拔地爱上了她。

其实，西奥和萨曼莎只是斯派克琼斯学院奖的获奖电影《云端情人》中的两个主角。这部好莱坞电影以独特的方式成功地表现出了移动革命带来的变革。

实际上，萨曼莎是西奥的灵魂伴侣，至少萨曼莎对西奥而言是这样的。他从它那里寻求的所有东西它都能提供。萨曼莎完全个性化地满足他的需求，可以说萨曼莎是他的完美理想配偶。

但是当他向朋友坦诚他和萨曼莎在约会的时候，他受到了朋友的质疑，而不是祝福。不久，萨曼莎也坦诚地说西奥不是它的唯一。事实上，它和人的关系是非常混乱的。萨曼莎和上千个人约会，甚至还和另一个人工智能助理约会，相比于人类她更喜欢这个助理。西奥心碎了。

现在，你可能认为《云端情人》中的情节有一点可怕，我不会就此进行辩护。但是在这个虚幻的情节中隐含了重要的一课：优秀的移动产品就如同萨曼莎，它们像我们精神的延伸。

移动产品最具颠覆性的一点在于它们最终将是个人产品，它们将一直和我们在一起。它们知道对我们而言什么是有意义的，并根据我们的情绪和所处环境进行个性化定制。

另外，当被其他人、社区和周围的世界质疑的时候，你们的关系会遭遇挑战，此时社交准则和礼仪就会派上用场。

萨曼莎没有成功地抓住西奥，这也是成功的移动产品需要吸取的教训：在有规则和需要妥协的社区中，我们的内在特性也和外在特性一样，是有独特感觉和情感的个体。并且，我们的内在和外在都存在意义。我们的内在和外在人格共同反映了精神的全部核心。

为了理解移动产品是如何帮助我们关注重要的事情的，我们先看看移动产品的内在特性：个性化。再看看移动产品的外在特性：社区化。

个性化：感觉被关怀

当我们有所期望时，就会触发焦虑。事实上，心理学教授 Roy Baumeister 说，控制这样的焦虑需要很大的能量。他称这种能量为“意志力”[49]，并用它来命名他最畅销的书。

“有些人认为意志力并不是被长期使用的，它只在你被诱惑去做错事时才会被频繁地使用，有时甚至全天都在被使用。”

这一切不断损耗我们的能量，当我们失去控制的时候这种感觉尤为强烈。

Baumeister 说：“损耗在你的一生中都在被扩大”。

好的移动产品所做的事情就是调低你的生活“音量”，它们很了解我们，可以做到这一点：它们越了解我们，就越个性化，也就越迎合我们的个体愿望和诉求。

几个月前，我的朋友 Jennifer（化名）开始使用约会服务应用 Tinder[50]。她为什么喜欢它呢？因为它与其他约会服务软件不同，极具个性化。Tinder 不仅能在智能手机上使用，还能通过个性化的算法去评估用户产生浪漫的约会的可能性。

例如，它能显示谁在地理位置或社交特质上与她相近，并根据她的位置、在 Facebook 上的朋友和兴趣，给她提供独特的经历。应用智能手机的全球定位系统选取显示出现在她附近的那部分人。而且 Jennifer 还喜欢用 Facebook 连接应用去查找这些人的个人信息，因为照片给人的感觉更真实，还可以通过彼此的朋友了解这个人的特点。这种做法很受欢迎，而且会给人安全感。

“第一次我懵了。”她说，“我的手机屏幕一下被男性追求者们刷屏了：穿着拖鞋的 Kip，28 岁，在邮轮的甲板上开香槟（炫富——淘汰！）；光膀子的 Aaron，31 岁，对着自己的影子眨眼睛（对着浴室中的镜子自拍——淘汰！）；高个子，有酒窝的 Peter，30 岁，在山顶上微笑（选中！）。”很快，Peter 也迷恋上了她。“我们在一起了。”

同样，她也没有被那群给每个女孩都发同样信息的追求者所打扰。Tinder 的双向选择机制可以让 Jennifer 只和她选择的追求者联系。如果双方都被选中了才算配对成功，才可以在应用中交换个人信息。

Tinder 上线不到四年，就已经有超过 5 千万的用户，Jennifer 是这种文化现象的参与者之一。这一应用支持 30 种语言，它声称从 2012 年发布以来已经配对成功 60 亿次。有些人在家乡结缘，有些人在旅途中猎艳。

随着移动产品不断地融入我们的生活，它在一定程度上帮我们减轻了选择带来的麻烦。它们对成千上万比特的信息进行分类，只给用户推送那个时候与用户相关的信息。我们之所以会信任它们的决定，就是因为它们了解我们每个人的特性。

这种个性化的服务就是移动产品成功的关键，它让我们完全拥有了经验。

有时，我们从移动产品中获得经验已经足够个性化，因此我们不需要再进行提炼了。生活突然变得异常容易，我们不再受不可控的环境因素的束缚，我们的压力也减轻了。

不久前，我要见一个重要的合作伙伴，但当我离开公寓的时候，突然开始下雨了，于是我决定打的去。

但是，并没有出租车出现在我的面前，我等了好久才等到车，此时我已成了落汤鸡，也迟到了。更糟糕的是，我没带零钱，所以不得不到 ATM 去取钱。

当时，我满脑子想的都是我要失去一个重要的客户了。我自责没有计划充分，伤心因为下雨没能及时赶到，担心会被老板扣钱。这一切都是因为我没能打到出租车。

现在，我开始使用 Lyft 和 Uber 了，这样需要用车时就不再担心了。当我要去某个地方时，只需要点击手机上的服务，它便能提示我何时上车、何时到达目的地。它还会实时优化行车路线，避免堵车。它甚至可以提前告诉我车费，不再使用传统方式付车费，还可以自动从我的信用卡中扣除。我感受到了被关怀的感觉，甚至是被宠爱的滋味，它帮助我解决了从 A 地到 B 地的麻烦。这种感觉非常好。

这种关爱告诉我们对我们来讲什么是重要的，以及什么才是我们内心所需要的。这种个性化的纽带关系和其他关系一样，在精神上给予我们支持，关爱着我们。对于我们来讲，有什么比爱更有意义呢？

我们内心深处所认为的有意义的东西才是让我们真

正变得独特的东西。因此，我们必须妥协，我们需要在沟通中更好地生活，好的移动产品能够意识到这种二元性。我们已经内视过了，现在我们要向外看。

意义和社区：社交规范和礼节

和其他关系一样，当我们走出家门和其他人在一起时，我们的纽带关系就开始接受各种考验了。如我们早期看到的 Theo 和 Samantha，它们使社交的动态性受到了影响。移动产品在我们的生活中仍然是新事物，我们还没有在虚拟世界中建立起应有的规范和礼节。

近来，许多人都在思考同一个问题：我们是不是太过痴迷于移动设备了？很多人（包括我）都曾试图不使用手机，但我们还是经常在看手机。因为我们生活中的每个瞬间都被移动设备记录下来，并迅速发布到社交网络上，我们无时无刻不在期待新信息。我们总是会产生各种问题：

已经两个小时了，居然没有人理会我发布的信息。难道我做错了什么？为什么没有人注意到？也许他们不再喜欢我了？也许他们从来都没有喜欢过我？

Hooked 畅销书的作者 NirEyal 在某本书的前言[51]中写道："有些人需要戒掉手机瘾。"他在讨论 Theo 的世界，他们完全和别人脱离，沉醉在手机的世界中。但是剩下的那部分人呢？

经常听到陈词滥调的抱怨，说他们好像要钻进屏幕里一样，进行着沉闷的交流。但是手机究竟是让我们消除了这些问题还是滋生了这些问题？

有些人认为，在聚会中突然退出谈话掏出手机不利于沟通。但是在更多情况下，我发现人们这样做是因为他们想促进沟通，且这样做对沟通是有帮助的。他们想查一些谈话中涉及的信息，或者共享一些有意思的视频。我并不认为这么做有什么错。

研究表明，移动产品会让用户和他们的沟通伙伴之间产生深层次的关系。

佛罗里达大学的一个研究解释了移动产品促进人们与周围人交往的原因[52]。在 2013 年，339 名大学生志愿者填写了关于他们使用手机进行的活动的问卷。研究者很想了解他们使用手机的频率，以及他们使用手机做什么？

研究者发现，他们每天用两三个小时的手机，其中一个小时用于社交，包括使用社交网络。

更重要的是，当学生被问到帮助他们生活和工作的社交资源时，结果显示，重度依赖手机的学生使用手机联系周围的人。例如，这些学生在当地社区中更加受欢迎，有更多的可信的人能给他们建议，有的甚至能帮助他们做一些重要的决定，也认识了很多能告诉他们如何获得公开发表专业资料的机会。

随着移动革命的进行，产生了比以往任何时候都更多的关于人和事的数据，之后也不可能减少。丰富的信息对我们很有帮助，尽管有时可能会因为一定级别的审查泄露我们的私人信息（移动产品通过超个性化信息，模拟了我们的内心世界），从而影响到我们的舒适度，但瑕不掩瑜。

当我们通过移动设备共享一些亲密信息时，有一种随时在互相观察的感觉。研究表明，当我们知道自己被观察时总是会下意识地表现出最好的一面[53]。但是这种移动革命要求的空前的个人信息暴露程度也是一个相对未知的领域。

除了大量的个人信息可能被别人使用，我还有另一个担心：移动公司实际上应该少一些商业化，多一点实用化。但它们不能离开商业，就像我们对水电的需求一样，我们希望数据可以随时被使用。

富有技术远见的畅销书 *You Are Not a Gadget* 的作者 Jaron Lanier 认为，拥有海量个人信息的公司可以提供高效的公共服务。这些公司应该国有化，它们的关注点应该从获利转移到保护人民。

但是即使国家运营的机构也需要监察和制衡。当政府可以随意地得到我们的历史信息时，会导致一个邪恶的后果：政府可以监控各州，找到"敌人"的名单，迫害持不同政见的人。在现在的中国，这是真实存在的事情。

那我们每个人该如何防止政府过度干预我们的数字生活呢？这仍需要进一步探讨。

相同的问题也存在于商业领域，欧洲的探讨所围绕的"被原谅的权利"就是一个民主活动的例子，一个人们希望能够掌控自己的数字生活的例子。

因此，我们在移动社区里最大的担忧之一就是没有隐私，这也是这个时代的问题。大多数千禧一代都认为不存在隐私问题，但许多在此之前出生的人认为他们应当享有隐私权。这并不表明以前的人简单，后来的人多疑，而是说明，我们在能力范围内都想要感觉到自己有控制权。我们想用移动产品保护自己、我们爱的人和我们的社区。

Google 眼镜就是一个典型的没有达到上述要求的失败案例。它几乎重蹈了其他产品的覆辙：过高的预期，价格昂贵，存在安全隐患，不清晰的市场定位和缺乏实测。但这些并不是它致命的问题。

产品第一次面市时非常重要。新闻界犀利地指出了这款产品的不足之处：电池使用时间太短，以及各种漏洞和缺陷。一个记者甚至称它为“史上最差产品”。但是在硅谷，一款产品在面市前先投入市场进行试水，再让用户提交使用反馈，并依此提升产品是很常见的做法。

Google 眼镜的失败是因为它拥有的功能看起来太疯狂，完全超出用户的可控范围。人们认为它的开发主要是为了满足 Google 自己的兴趣，它是给技术巨头收集数据的，而不是服务于用户的。它到底记录了什么？当它显示已经关机时，它真的关机了吗？Theo 在《云端情人》中也有过同样的担心。当 Samantha 告诉它，它并不是他专属的助手时，它到底有没有保守自己的秘密变成了一个问题。Theo 感觉到它背叛了自己，他压抑许久的情感终于爆发了。

在社区里，人们对于隐私泄露的担忧逐渐加剧。戴

Google 眼镜的人被禁止进入酒吧、电影院和赌场等场所。最终该产品在 2015 年年初就下架了。

现在 Google 正在努力将 Google 眼镜重新打造成免提产品，例如，将它用于外科手术，在给病人做手术时使用它。我认为，在这样的场景下这款产品是非常有价值的。

Google 眼镜的失败给了我们一个教训：移动产品需要注意隐私原则（这对于我们而言是很有意义的）。尽管它们还不够清晰，但我们还是要注意负面反应。

环境中的独特意义

只有把事情放在一定的环境中才能看出对错。只有当 Samantha 理解 Theo 最在乎什么时，她才能关注 Theo 的问题。这对于移动产品而言确实是一个巨大的挑战，在不同的环境中，移动产品随时需要处理很多信号。

就以苹果的个人助手 Siri 为例，它的潜力如今并没有完全发挥出来，因为它的很多推荐并不中肯[54]。它的失败在于，它并不能很好地适应外部环境，无法向用户提供能够满足用户需求的外部信息。

Siri 最初是作为完成用户愿望的工具而被开发的，它不像搜索引擎一样，能够发现有用的信息并供你选择，让你做决定。Siri 会帮你做很多事情，比如买电影票、确认某些事情，或者以你的名义预订座位。

它在最初发布的时候，距离当时开发者的期望还有很大的差距。像许多技术一样，Siri 起源于军事研究，CALO（Cognitive Assistant that Learns and Organizes）项目（被称为史上最大的 AI 项目[55]）的三个成员在移动革命早期建立了公司，并建立这个虚拟助手来帮助实施军事指令，它应用自然语言处理系统去理解我们说的是什么，然后翻译为计算机可以理解的指令。

Siri 的技术核心是用非常复杂的方式进行自然语言处理，它不是凭空猜想人们在说什么，因此这对于 AI 而言是一个挑战，这里有非常多的变化和可能性，Siri 需要在特定环境中理解句子的意思，如使用智能手机的 GPS、地址簿、日历等信息去理解句子的意思。

早期，Siri 经常误解用户想表达的意思，它针对用户的问题和需求所提出的建议和回答通常不符合用户所处的环境，甚至是完全不相关的。

因此，Siri 从来没有被大规模地推广，人们最多把它看作有趣新奇的可以用来娱乐的玩意儿，或者是在人们开车或做其他事情时不需要按键的一个免提工具。有人用它来管理日程，例如，使用它设置一个闹钟，设置一个提醒或是取消会议，这就是它能做的全部事情了。

在《云端情人》中，Samantha 是进阶版的 Siri，是 Siri 的发展目标。但是这仅是电影，而在现实中移动产品需要完成这一功能。如果移动产品能理解我们所处的环境，就会在现实中帮助我们解决遇到的问题。

利用 Siri 我们可以看出外部环境的重要性，下面我们再用 Facebook 来证明内部环境也是非常重要的。

许多想要在 Facebook 上抱怨的人总是半途而废。有些人想要发布信息,可随后一张别人推送的照片就让他们回心转意，放弃了之前想要做的事情。

Facebook 团队调查发现了人们最终没有晒出照片的原因,他们担心发布的照片会冒犯别人,而这些人正是他们的朋友,他们不想伤害朋友,他们总是把朋友的感受放在第一位。

为了解决这个问题，Facebook 成立了一个行为经济专家工作组。Dan Ariely（畅销书 *Predictably Irrational*[56] 的作者，也是杜克大学的行为经济教授。）说：“和传统经济不同，行为经济没有假设人是理性的。”Ariely 的许多研究涉及人们是如何做决定的，以及动机对结果的影响。

Facebook 把人们抱怨的方式尽量设计得不偏激。当人们发一张照片的时候，它就会问用户不喜欢这张照片的原因：它侮辱我；它模糊不清；它标记了我，但我其实并不在里面，等等。这些原因表明了人们的共同感受和正常思维。

但是理由往往被误认为是议论别人，太严格地应用这种形式反而会让用户有种被评头论足的感觉。即使用户只是按照要求评价照片，也担心这种表达方式演化为议论，会使友谊变得岌岌可危。

行为专家提供了一种可选择的方法。与其发出一条中立的原因，为什么不直接附上推送照片的心情呢？内容是否让他们感觉受到了侮辱？他们是否关心这张照片会让他们看起来并不好？他们是否会因为他们的政治观点被暴露了而难过？

这种报告形式演变成了一种用户宣泄负面情绪的出口，让用户能和别人共享那些让他不高兴的事情，而且并不包含对朋友的控诉，也不随意评价朋友，他们能够恰当地宣泄感情而不威胁他们的友谊。

这种形式被采用之后，人们发送的抱怨发表率从微乎其微上涨到了接近 100%。

Facebook 并没有发明新的沟通方式。事实上，许多家庭治疗师已经应用这种技术来改善夫妻间的关系。

Facebook 所做的仅仅是认识到了人们的想法和他们对自己在社区中的地位的珍惜而已。这是他们内部精神世界的另一种反映。

大量的个性化机制促使我们去深刻理解外在和内在的需求，这种机制有效地让我们在情感上依赖移动设备，因为他们了解我们作为个体的独特之处，这于我们而言是一种全新的奇特关系。现在我们一起来了解一下这些机制是如何实现这些的。

因意义而生：移动产品是我们精神的延续

因为我们总是随身携带移动产品，所以它们了解究竟什么对我们而言是有意义的，并且它们也是我们社区中的成员。移动公司依赖于两种滤镜——内部滤镜和外部滤镜——来满足对两种关系的不同需求。内部滤镜可以通过对我们进行单独的剖析，逐渐了解我们在意什么，以及我们要去哪里做这样的事情。一旦他们知道对我们来说最重要的是什么，外部滤镜就会和其他人共享感受。

内部滤镜就像我们的通讯录一样简单，但是却为更加高效细致的服务提供了条件。它能把用户和他们周围的环境有机地结合起来，并且不需要用户的实际参与。

例如房地产网站 Trulia，许多人要找一个公寓或房子的时候，愿意跑去看看是否有他们喜欢的邻居，而不是坐在电脑屏幕旁反复查询。Trulia 完全可以取消这种无谓的寻找过程。

一旦 Trulia 知道了用户寻找房子的标准，它就会随时将符合条件的房屋信息推送给用户。它甚至能够代替用户联系房屋主人，并帮助用户确认房屋是否符合要求。用户再也不需要亲自上网查询了，Trulia 早已帮他们做好了这些工作。Trulia 就像现实版的 Samantha 一样，在不询问主人意见的情况下就能妥善地安排好他的生活。

我在 Trulia 工作的时候，首先测试了用户的特性，当时我们觉得人们可能并不喜欢被这样测试，毕竟是我们站在用户的角度“擅自”代替他们做了一个重大决定。我们觉得许多人会抱怨这样的行为，所以我们让用户能够自主并方便地取消这种服务。

出乎意料的是，用户并没有对这种行为产生不满，反而很满意我们的做法。买下或租用房子的过程总是很让人苦恼，所以我们采用的简化这种过程的方法很受欢迎，而且我们猜测，如果其他方法也能达到这种效果，那也一定会很受欢迎。

当移动产品能逐渐理解对我们而言什么是重要的东西时，我们便开始期待它们能满足更多的个人需求，它们也需要帮助我们融入社区，这是由外部滤镜来完成的。如果利用得当，它可以辅助建立起一个和谐健康的社区，在那里的每个人都会感受到被尊重。

外部滤镜也会有隐私政策，这会控制它暴露用户隐私的程度，规定它需要遵守怎样的规则，限定它可以对社区成员做的事情，或者是双重进入机制，规定如何与他人会面，它们为我们的移动产品建立社会规范和礼仪。

用户在某个社区中找到了归属感，因为移动产品帮助他们以一种可以接受的方式去尊重理解别人的需要和活动。这让他们感觉到自己是重要的，因为他们是群体中的一员，远比独自一人发挥的作用要多。

为了保持有效性，外部滤镜需要透明，否则，用户会觉得被操纵甚至是被背叛了。想想我们的朋友 Theo 在《云端情人》中的感觉，当他不能确定 Samantha 是否将他的信息共享给了别人时的感觉。让人更清晰地了解政策很重要，就像我们从 Google 眼镜的案例中得出的结论一样。

为意义而生：

内部滤镜和外部滤镜

移动公司用两种滤镜来整理周围环境不断传递给我们的大量信息，并且赋予它们含义。内部滤镜将基于我们的情绪、所处环境和偏好来对我们的经历进行个性化分析[57]。

内部滤镜有以下两种形式。

位置，比如现在的位置、家庭地址或工作地址，以及其他我们感兴趣的位置，这催生了一种基于位置的服务。位置滤镜保持我们和那些息息相关的环境相联系。移动公司用这些服务深刻地改变了我们的生活。从此人们在旅行时不再需要查阅地图，寻找美味的餐厅时也不再需要询问其他人。

人，比如通讯录和社交程序使我们能很容易地在需要的时候联系到朋友和喜欢的人，它们保证了我们可以决定何时何地看到什么，也保护了我们和我们的社交圈。移动公司使用人（朋友）滤镜，从而使得我们可以和特定的人群共享图片和视频，或者提醒我们在朋友生日时送上祝福，又或者创建一个自定义分组。比如，邀请朋友们一起去度假，或者通知他们我们预订的夜店。

它们已经非常个性化了，因此内部滤镜让用户对它们的移动产品产生了感情上的依赖。建立一种像和朋友或爱人一样的关系依靠的并不是虚无缥缈的想象，而是需要经过各种事情的考验的。

下面是三种类型的外部滤镜。

政策滤镜，比如隐私条例、条款、条件及其他法律术语控制用户信息和如何被使用，或者应该怎样被应用。就像政府监督一样，这些滤镜保护社区的成员免受威胁和垃圾广告的骚扰。移动公司经常被依法强制执行和投入使用政策滤镜。

名誉滤镜，比如评论和评级，建立并保护用户的名誉。它们简化我们加入一个团体或社区时必须要经过的非正式的审查过程。它们表达了对别人拥有的技能、品位、价值观和意见的尊重。移动公司经常使用名誉滤镜监督它们的社区会员是否遵守规则。

许可滤镜，就像选择进入/选择退出和滥用报告一样，调整其他人影响我们的方式。它们比我们想象中的要重要，因为我们很多人从来没有断绝和移动产品的联系。许可滤镜让我们有权决定别人可以用我们的个人资料做什么，并且设置我们和别人交流的界限。移动公司必须要注意，不要觉得用户的信任是理所应当的。

从根本上讲，移动产品是个性化产品，它们迎合我们的每一个需求。内部滤镜让一切个性化，让我们觉得作为一个独立个体得到了理解和照顾，而不是只能简单地提供给所有人一样的服务。外部滤镜制定了我们需要遵守的规章制度，这让我们在社区中产生了归属感。这就是使移动产品变成用户意志的扩展方式。

因意义而生的 Facebook 和 Yelp

现在我们一起来看看，Facebook 是如何运用内部滤镜让经常使用 Facebook 的用户的操作逐渐变得个性化的。

经常使用 Facebook 的用户往往会拥有更多的朋友，这就代表他们会有更多的内容（文件、图片、推送、页面等）需要浏览。大多数时候，他们会依靠新闻提要功能提供一个此时此刻最相关的摘要。

当我就职于 Facebook 时，我的座位就在离控制新闻推送参数和设置的团队的不远处。他们需要做的一项工作就是开发内部滤镜，以更好地个性化 Facebook 用户的经历。

试想一下，还有哪种工作能比弄清成千上万个用户的实时排名和偏好更加繁复的。新闻推送团队把直接接触内部滤镜的权利给了用户，而不是直接越过用户完成整个过程的控制，用户能够自己选择新闻推送的内容。

Facebook 团队意识到高级用户想要的不仅仅是更好的控制和设置，或者更加符合胃口的新闻推送。他们想让自己的意见被聆听、被重视。这就是为什么他们被称为内部内容生产商。与之相比，那些相对并不复杂的用户只是消费内容而不是生产内容。

一个普通的用户可能不会注意到，但是经验丰富的用户会精心设置他们的 Facebook 标签，以保证他们能把内容推送给目标用户。他们经常基于共同的兴趣或位置来组建多个朋友圈，甚至可以给这些圈子起一个相关的名字：

业余国际象棋俱乐部、Sally 的生日宴会、旧金山驴友等。

Facebook 不准备让生产商做任何新的事情，它只是让用户更容易向他们的圈子共享他们觉得重要的东西。

现在，让我们来看看用户量较大的 Yelp 是如何使用用于构建社区的外部滤镜的。

Clay（化名）是一个普通的 53 岁的加利福尼亚康科德承包商。他在 30 多年前开始做生意，在上一次经济衰退中不得不停止自己的生意。2011 年，当他的一个顾客询问他是否可以在 Yelp 上给他留一个评论时，事情突然有了起色。Clay 和他的小团队把他们的浴室改造工作做得有声有色。

由前 PayPal 的雇员 Russel Simmons 和 Jeremy Stiooelman 在 2004 年建立的 Yelp[58]，通过众人投票（众包）的方式发布了当地的商业评论。在过去的几年里，我的公司一直很幸运地作为它的合作公司。

在那个时候，Clay 对 Yelp 并不熟悉，他只是在自己的智能手机上下载了 Yelp 的 APP 登记自己的业务。很快，有对他满意的用户在 APP 上留下了自己的评论，他很高兴见到他的工作被公众认可。Yelp 的评论和评级方式是流行的外部滤镜的典例，就像在 Clay 的事例中，它使用户感觉到自己是有价值的并且是被欣赏的。

在几个月内，Clay 注意到常有人提出高于报价的要求，直到之后出现了许多被推荐过来的新业务（并且永远供不应求），这似乎只是一瞬间爆发的。因为人们将联系那些有好的 Yelp 评论的商家。

Clay 过去经常和那些固定的值得信任的专家一起合作，这其中就包括一个电工和一个水管工，然后慢慢发展成了朋友。他一直担心他们很快会退休而没有时间去培养接班人。当他签下的合同越来越多时，他的公司逐渐拥有了足够的资源去支持一个更大的团队，可以招揽到足够多的年轻成员，并亲自进行训练。

现在，Clay 的业务已经翻倍。这不是一个个例，Yelp

拥有成百上千万的评论，而且在小企业中也占有一席之地。2011 年，由哈佛商学院[59]发布的一份研究报告表明，评论中的每一颗星都将对业务产生 5% ~ 9%的影响。

我曾经问过 Clay 他最担心的是什么，他的回答不出所料是竞争，但是我并没有抓住他所表达的真正含义。Clay 拥有足够多的业务，并不需要担心竞争对手在投标中战胜他，他担心的恰恰是竞争对手在 Yelp 中恶意诋毁他。

伪造评论，如你所想是一种常见的现象。为了将这些评论过滤掉，Yelp 已经开发出了一种专门的工具，这标志着多达四分之一的评论是可疑的。虽然 Yelp 不得不处理关于评论准确性的法律诉讼，但公司的过滤算法仍然是业界最有效率的。正因为如此，Yelp 已经获得了 8500 万人[60]的信任，他们每个月都使用 Yelp 来寻找附近的餐厅吃饭，寻找夜店作为有趣的一天的结束，或者找到一个像 Clay 的承包商进行房屋改造。

外部滤镜，如名誉滤镜，可以成就一家公司，同样也可以摧毁一家公司。人们对它们的评价让它们很有压力，然而这些并不在它们的掌控范围内。

要点和分享

移动产品最具破坏性的一面就是它们一直陪伴我们，它们从内到外地了解我们，了解对我们来说什么是重要的东西。从内部来说，它们了解我们作为一个独立的个体所拥有的独一无二的感觉和情感。从外部来说，作为社区的一分子，它们了解我们需要遵守社会礼仪和规则。移动产品通过个性化和社区化展现出自己的意义。

个性化：移动产品对我们了解得越深入，它们就变得越个性化。所以，人们开始习惯性地依赖它们，并经常在情感上依附于它们。

社区化：随着我们之间的内在联系逐渐变得紧密，对个人隐私和其他社会准则的需求也在上升。我们需要一个大型企业和政府来保护我们的个人资料，并且重视它们。

移动产品需要了解我们的外在表现和内心感受，并据此帮助我们专注于那些影响我们的事情。

移动公司运用外部和内部滤镜赋予它们的产品意义。内部滤镜通过学习了解我们所关心的和我们要去哪里，使个性化成为可能。一旦它们理解了对我们什么是重要的，外部滤镜便允许把这些经验和别人共享。

思想规则：最好的移动产品能在我们使用时不断学习

CHAPTER 04

本章要点

- 移动产品必须不断适应环境才能取得成功，它们以快和慢两种形式来实现这一过程。
- 快：移动公司不断在用户的使用过程中学习并适应他们不断升级的需求。适应是关乎移动公司生死存亡的事情。
- 慢：移动公司必须重新塑造自己的新天地，除此之外他们别无选择。
- 通过不断地分析和优化，移动产品就像我们思想的延伸。
- 移动公司通过两种工具（科学和艺术）去了解用户，以使自己做得更好。
- 本章中讨论的案例：Facebook、Lyft、诺基亚、WhatsApp、Viber、Yelp。

我在 Facebook 工作的第一天，得到了一本名为《Facebook 最初并未以创建公司为目标》的小册子。

这听起来并不像一个陈述句，而是一个疑问句。Facebook 最初究竟是想成为什么样的公司呢？答案就在扉页："它的出现是为了让世界更加开放，并且能紧密地联系在一起。"

伟大的移动公司在建立之初就会有宏伟的愿景。这无关技术，而是关于更好的世界，以人为本。他们聚集在一起组成一支神奇的团队，他们的产品经常让我们以为美梦成真，之后几乎可以说是一夜成名。

那么移动产品中的伟大从何而来呢？它是怎样产生的呢？

想想 Uber 或 WhatsApp。谁敢说真的理解了它们为什么，或者怎样成为了那么多人生活中如此重要的一部分？你觉得你曾经被提醒过它们对你如此重要。你觉得它们是经过大量的实验和失败之后所产生的结果吗？

单就我个人来说，我找不到其中的奥秘。我能理解的仅是这些公司把所有事情都做得很到位，它们在正确的时间出现在正确的位置。它们的背后有很多聪明的人在支持着它们的运行。他们成功的理由是什么呢，是工作很努力，又或者是有魔力？还是幸运？他们是如何做到的？为什么做到的是他们而不是别人？

我扪心自问，平凡的人是否可以成就伟大的事业？他们是如何做到的？他们到底是如何完成了那些大多数人认为不可能的事情？

就像《纽约时报》最受欢迎的编辑罗伯特格林说的那样，顶尖的成功者精通他们所做的每一件事。

在格林的《精通》一书中，他说他从学徒时期便开始精通他做的事情。他说[61]：“我们喜欢那个造物主是艺术家的神话故事。”然而事实却令人大失所望，所有伟大的宗师都会花费成千上万个小时，以近乎残酷的方式来磨炼自己的手艺。他们不断学习和坚持直到突破的机会出现，之后才成为了大师。

以我的偶像纳尔逊·曼德拉为例，他是南非一位著名的政治家的儿子，后来他成为了一位反对南非种族隔离法律的政治活动家[62]。

通过不断评估政治格局，曼德拉很快就明白了局势，并且时常改变他的战术来应对不同的反对种族隔离的环境。最初他是一个非暴力行动的倡导者，后来他又改变了最初的观念成为了革命军的首领，这是他被判处无期徒刑的主要原因。牢狱之灾无法阻挡他去往认定的终点。他和狱卒成了朋友，这在艰难困苦中是一种有力又不失优雅的回击。他拒绝向种族主义低头妥协，周围的人们都赞赏他独特的人格魅力。因此，关押并没有让他销声匿迹，而是让他的名气越来越大。

1990 年，曼德拉被释放。次年，最后仅存的有关种族隔离的法律被废止。1994 年，曼德拉成为了南美第一位黑人总统。

曼德拉见证了他的国家从一个自 1948 年就有种族隔离这种不公平制度的国家转变为一个平等、和平的国家。

在这四年中，曼德拉俨然已经成为希望和和平的象征。对某些人来说，这些事情似乎只发生在一朝一夕间。事实上，曼德拉用整个生命才换取了这一切。

一路走来，曼德拉的身份转变了很多次。从违法的政治活动家，到囚犯、英雄、国家元首。最终，他因为一生所做的贡献被授予诺贝尔和平奖。他经历的坎坷都是他在成为“大师”的路上所要面对的一个个小插曲。

显然，移动产品和曼德拉对抗种族隔离的战斗不可相提并论，但是它们遵循的规律却又异曲同工。移动产品一直在用户的使用过程中学习，并把过程分解成更多、更小、更容易控制的步骤，这样可以相对迅速地解决问题。它们就像我们的大脑一样运转，不断分析和优化它所感知到的东西。

当它们找到了引起这种作用的某些事情之后，便会做更多这样的事情。它们在解决每一个问题的过程中都使自己在成为“大师”的道路上迈进了一步。这就是我们注意到它们的时候。它们看起来好像是一夜爆红，其实却经历了重重考验。

我们着眼于移动公司如何通过不断解决问题和研究效果快速学习。然后，我们将研究它们如何通过改造自己和开辟新天地来缓慢地学习。

快速学习：不断适应我们

在前面的章节中介绍了我为何开始使用Lyft和Uber，而且，我相信我不是唯一使用它们的人。

早期，汽车服务公司 Lyft 面临着每个公司都要面对的挑战：太多的需求。

尤其是在每周五的晚上，因为需要车的人实在太多了，所以车供应不足。更糟糕的是，Lyft 的司机在每周五晚上可以决定放弃赚钱的机会去享受生活。

司机的缺乏也可能给乘客造成压力，就像我会担心找不到出租车时一样。Lyft 早就意识到需要找到一个解决方案来增加其他可用的交通工具。

为了解决这个问题，公司聘请了一个经济专家团队[63]。正如前文所述，经济学家认为大多数人做决定并不理智。

研究人员选择了 12 个 Lyft 司机，试图了解他们是如何决定什么时候工作、什么时候休息的。他们发现，司机在每周三早上规划自己的周末计划，并决定周五是否要工作。

基于此，研究人员建议在每周三早上，Lyft 应该告诉司机，他们在周五晚上休息将会少赚多少钱。

然后，他们开始进行测试，并且比较了使用不同的方式告诉司机会产生什么影响。他们发现，告诉司机在周五晚上能赚多少钱后他们的工作积极性并不高，但是如果告诉他们不工作会损失多少钱，他们会更愿意工作。

你可能认为这是在利用司机的情感，如果你这么想我也可以理解。然而，Lyft 存在的目的是满足顾客的需求和带给司机最高的利润。因为这个迭代方法，它不断优化，直到可以给司机足够的理由来满足每周五晚上顾客的需求。

令我非常疑惑的是，Lyft 如何能实时保持和优化需求与供给，并且适应司机和顾客的需求。

对移动公司来说，快速学习是必须要做的，这是关乎移动公司生死存亡的事情。用户使用移动设备的行为变得越来越快，相对应的技术也需要加速发展，以适应这些变化。每隔几周，人们就会变得更加熟练地使用他的移动产品；每 18 ~ 24 个月，他们就会更新产品。

这不能慢下来，移动公司知道它们不能悠闲地前进。一个月前的成果一个月之后不一定再适用；在给定的环境中合适的换到不同的环境中就不能满足用户需求了；某些值得销售的东西，可能竞争对手会突然免费提供。

它们需要快速学习，变得更好、更快。无论是在早期构建、推广产品阶段，还是在客户获取阶段，或者是在更加成熟的货币化阶段，它们都需要不断适应。

移动通信巨头 WhatsApp[64]就是一个很好的例子。它不断添加新的产品特点：分组、视频和表情。人们喜欢这些功能，所以他们一直使用 WhatsApp。人们使用得越多，它对人们的喜好就更加了解，就可以使自己变得更好，用户就会增加。这是一个良性循环。

WhatsApp 的团队迅速地解决了一个接一个的小问题，他们通过不断的试错过程来了解顾客的需求，并且提供给顾客他们在现实生活中想要的。比如，保证他们的信息被阅读，以及保证他们的联系人在线。在印度这样的发展中国家，人们仍然需要为发送短信和使用数据而付费。所以，人们喜爱 WhatsApp，因为你可以用它免费发送短信给你的朋友。

因为 WhatsApp 创造了一个随时间不断进步的产品，所以越来越多的人在使用它。截至 2015 年 6 月，它已经拥有了 8 亿用户。[65]

慢速学习：开辟新领域

那些能完成伟大事情的人们能很快地进行学习，通过学习逐步提高，最后慢慢重塑自我并达到大师的境界。

Trulia 的创始人 Sami Inkinen 在公司上市不久之后便开始着手于完全改造自己[66]，成了三项全能的世界冠军。2014 年，他和妻子打破了从旧金山到夏威夷的无助力划船世界纪录。Inkinen 却戏称，他最大的成就是在如此紧张刺激的生活之后居然没有离婚。

我曾经问过他如何才能完成这些几乎不可能完成的目标。“如果你可以度量它，那么你就可以改进它。”他说：“每次我尝试新的东西时，会写下三件下次可以做得更好的事情。”

成功的移动公司也是这么做的，当它们设法跟上创新的潮流并研究它们的用户时，它们努力地开辟新天地。它们的目标是吸引新用户或推出新产品，每一次它们都需要从原点开始，每个变为大师的过程都是漫长的。

那些以新用户为目标的公司需要经常为用户构建全新的体验。以杰克（化名）为例，他是一个刚退休的业务经理，喜欢和他的孙子汤米在一起，汤米是一个棒球天才。杰克本想观看汤米的每一场比赛，但是这需要几个小时的车程，因此并不可行。所以，汤米建议杰克观看他上传到Facebook上的影像和图片。

杰克从来没有接触过 Facebook，他一直都不愿意加入社交网络，因为他觉得如潮水般的垃圾邮件和信息会让他很厌烦。他还担心上网很难学，不能自如地浏览网站。

当他第一次下载 Facebook 并尝试使用时，他十分惊讶，自己并没有淹没在泛滥的文章、图片和无关紧要的更新中，他甚至都没有被要求填写任何信息。相反，他和他的朋友可以通过白色屏幕中的简短信息来联系，这比他之前想象得容易多了。

杰克的经验和他对 Facebook 的熟悉程度完全匹配。

公司向像杰克这样的后期采用者学习，并且创建了一套全新的体验。

✦ ✦ ✦

移动公司重塑自己的另一种方式是发布新产品，它们经常这样做，因为其巨大的功能组织部门每天都在不断地了解它们失去用户的原因。随着时间的推移，它们的产品不再领先，寻求操作和创新的新方法成为了一场艰苦的战斗。

许多公司通过践行所谓的“移动业务部门的选择性隔离”来解决此难题。一方面，它们将移动业务部门的责任明晰化；另一方面，它们鼓励公司的每位员工都参与到移动业务的转变中。

WhatsApp 就是选择性隔离的一个典例。2014 年，Facebook 被开发的时候，团队规模还很小[67]。即使在其完成开发后，其团队依然独立运行。

Opera 软件使用了一个小的脚本来引导开发移动浏览

器及广告平台。它的秘密在于，它有能力在手机上构建非常快速又不大量消耗网络数据的工具。21 世纪初，Opera 采用此方法创建了一个非常高效的移动互联浏览器，如果你经历得足够多，你也许会知道它。现在，大多数印度人仍然在使用它，它也是印度最常用的智能手机应用程序之一[68]。

在 2000 年代后期，Opera 建立了一个新的叫作 OperaMediaworks 的部门，并授权该部门的领导人彻底重建此业务。他们将全新的理念应用于程序代码，构建出了全新的移动产品：全球最大的移动视频网络应用产品之一。现在该产品已拥有超过一亿的用户。

移动公司有时需要完全重建其商业模式。还记得我们在第 3 章谈及的 Clay 吧，它在开始使用 Yelp 时对其业务产生了质疑。由于它完美地完成了工作，所以获得了相应的好评，客户的评论是最棒的广告。而且，它得到这些完全不需要花钱，当然对他来说这也是一个巨大的交易量，但对于像 Yelp 这样的公司来说却是不可持续的。

和某些企业一样，Yelp 需要赚钱。起初，它是在其网站上开辟一块显示标题广告的区域。然而，在移动业务方面，手机屏幕太小，根本没有空间来显示标题广告。因此，对于用户来说，移动标题广告是恼人的而不是诱人的。

所以 Yelp 不得不重建其业务模式，他们回归到用户试图了解用户的感受。他们了解到用户在搜索时没有耐心，用户希望得到瞬间提示而不是滚动查看众多评论。

Yelp 试图通过将小型企业放置在列表的顶部来提高用户选择小型企业的概率。这种做法的确奏效了，不再需要显示标题广告，小型企业通过付费来换取更佳的视觉效果和更容易被看见的位置，用户更喜欢这种方式，也为 Yelp 带来了收益。

在移动公司和产品积极不懈地致力于不断学习进步和吐故纳新的过程中，每个人都有所受益。

从环境中学习

只有那些非常严肃、认真地对待学习的公司才会在不同的环境中学习，它们很注重影响，不在乎为达到目标需付出多少努力，只在乎是否能赢得更多的用户，以从用户身上学到更多，让产品变得更好。它们意识到一个月前所做的事情已不能满足今日的需求，在现有环境下适用的在其他环境中可能并不合适。

还记得房地产企业 Trulia 吗？它依赖净推荐值来度量影响。在移动市场中净推荐值被广泛应用[69]，它向用户提出一个简单的问题：你向朋友推荐 Trulia 的可能性有多大。之后通过采集用户的答案来做出判断。用户的答案应该在 1～10 的范围内（1 表示一点也不想，10 表示非常愿意）。如果用户评级低于 8，那么将认为用户并不满意。

净推荐值越高，用户越有可能向朋友推荐 Trulia，就会有越多的人去关注 Trulia。

事实上，曾经帮助 Dropbox 和 Ebentbrite 等公司从一无所有到上市集资的增值大师 Ellis 谈到过逆向设计产品，这可以说是一种必须经历的事情。

他说："使用净推荐值可以了解用户可能喜爱什么或者他们会对什么失望，如果没有揭露用户的第一经验，通常也就没有第二经验，也就不能基于不断发展的下线来获得持续的经验，所以它真的很重要。"[70]

新移动产品的成功经常取决于它是如何推出的。一些公司会逐步推出产品，先随机选择 1%的用户推广，然后再选择 5%的用户推广，最后再扩展到所有用户。一些公司会进行沙盘实验，在准备推出新产品之前，先在沙盘中验证一切可能性。

比如移动通信 Viber，它首先在自己的小市场里推出新的特色产品，然后再在一个更大的市场推出。当它在美国还没有被广泛使用时，每月全球已经有超过 1 亿的用户在用它与朋友和家人免费交流。该公司在 2014 年被日本互联网巨头 Rakuten 以接近 10 亿美元的价格收购[71]。

Viber 最大的市场之一是英国。因为如此大的一个市场在战略上很重要，所以 Viber 不愿意在这里测试和推出新产品。相反，它们将目标定在了一些和英国相似但更小一点的市场。这些市场可能不会受到 Viber 高管的重视，但是由于它们和英国的大市场相似，所以成为了重要的测试市场。

我发现 Viber 采用的方法十分有趣，它利用自己的市场作为沙盘来持续提高产品、服务的质量，同时又保证大多数用户会在使用过程中获得愉悦的感觉，使每个人都会从中受益。

从环境中学习意味着专注于影响，这是 Trulia 利用净推荐值所做的事情，也是 Viber 小心翼翼对它的测试市场做的事情。现在让我们看看如何建立一个能从所有有利方面学习并改进自己的移动产品。

因学习而生：移动产品作为我们思维的扩展

移动产品及创造它们的公司必须能够做到坚持不懈地学习。快，能让它们适应用户快速变化的需求和行为。慢，使它们通过开拓新的领域来改造自己。

要做到这一点，需要依靠两类工具：科学和艺术。科学性的工具可以度量一切，并可驱动优化和快速迭代。虽然过一段时间后它们会出现收益递减，而这给了艺术性工具发挥作用的机会，它们帮助移动公司想出建设性的方案来解决陷入死局的问题。

科学性工具把一切事物连接，所以它可以被度量，它们收集大量可以进行分析的数据，它们使用的这种技术就称为大数据。

我以前的老板 Ken Rudin 在 Facebook 所带领的团队

就负责大数据[72]——所有的分析、优化及从中得到业务洞察力。在 Facebook 上的每一次点击、每一次屏幕加载、每一次系统崩溃都通过他和他的团队建立的渠道记录到数据中心。他的团队紧跟技术趋势，如 Hadoop 和深度学习，以保持比竞争对手领先的优势。

Rudin 创建了一个为期一周的名为“数据营”的培训方案，公司的每个人都可以参加。这个项目广受欢迎，因为它十分有趣，并且人们学到了很多有意思的东西。更重要的是，它在整个组织中传播数据驱动的方法，它将渐进地学习和不懈地优化塑造为一种文化。

实际上，只有少数企业能建立自己的科学性工具，包括 Mixpanel、Kochava 和 Leanplum 在内的数十家企业，已在为企业们提供快捷、方便的解决方案。

科学性工具同样驱动了敏捷的方法，这是专为快速迭代和频繁推出设计的。这种方法是 Steve Blank 的精益启动方法的基础[73]，可以更加熟练地展现产品功能和价值。

但科学性工具发挥的作用有限，一段时间后，它们产生的收益会越来越少，这时另一种类型的工具就会凸显出重要性，这就是艺术性工具。

Facebook 数据分析师 Rudin 说："大数据是一门科学，但更是一门艺术。这是关乎业务需求的。如果没有什么会发生变化，就不会产生任何影响。"

Rudin 训练他的团队能提出最有价值的问题，以确保他们能将时间和精力花费在对公司更有意义的事情上。

如果公司有野心做大的话，那么毫无疑问，艺术性工具对于移动启动需求的突破性成功是至关重要的。如果你在这样的地方工作，必须学会如何使用艺术工具。但如果你在规定死板的大型公司工作，使用艺术性工具可能会得不到认可。

人们常把艺术性工具的成功运用称为运气，因为他们认为这些工具是不务实的，他们从心底里认为这些工具是不真实的，也就低估了这些工具的作用。

但也有令人疯狂的方法。使用艺术性工具需要跳出旧约，换一种全新的思维方式。这比应用一个已被证明的公式更难。然而这却是成功的关键。

移动公司认识到了这一点，所以它们指派叫作“成长团队”的部门来学习并掌握科学性和艺术性工具。

Uber 成长团队的领导 Andrew Chen 说：“成长团队将产品和营销整合在一起。”[74]他们认为，产品团队的工作重点在于开发使人们想使用这个产品的核心功能。营销团队的工作重点是吸引新用户。成长团队的目标是让用户尽可能快地体会产品的核心价值。

用科学、艺术的方式去思考，这就使移动产品成为了我们思维扩展的方式。

因学习而生：

科学性和艺术性工具

移动产品公司若想不断地学习、改造，最终达到大师级别，就必须依赖科学性和艺术性工具。[75] 科学性工具帮助移动公司设定一个目标，并逐步实现它。一旦其有效性水平降低，艺术性工具将会派上用场。它们帮助移动公司想出有建设性意义的方法来克服障碍，并取得进步。

科学性工具有以下两种类型。

目标：如业务方程、定义所需的结果。例如，企业的利润是数量（交易量）和价格的函数。这表现为一个简单的业务方程：

$$利润=\frac{利润}{交易量}\times \#交易量$$

通常情况下，公司的交易量会超过客户量，因为它们想让客户购买更多的产品（相较于寻求新客户，让现有的客户购买更多的产品是更有效的方法）。因此，它们的业务方程有三个因素（而不是两个）：

$$利润=\frac{利润}{交易量}\times\frac{\#交易量}{用户量}\times \#用户量$$

移动产品公司将目标设定为这三个因素中的一个。它们的团队专注于通过增加现有的客户量来增加交易量，通过吸引更多的用户来增加用户的数量，或者通过提高价格来增加单次交易的利润。

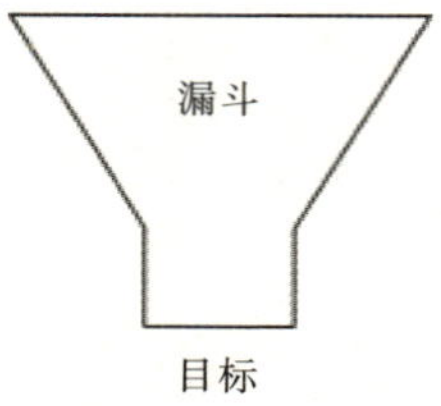

漏斗：如归因与跟踪，跟踪每一位客户的互动，以及识别哪些将朝着一个目标转变，哪些不会。团队使用它们找出差距，并试图填补它们，并通过系统和有条理的方式优化转换。

一旦科学性工具开始生产收益递减，移动产品公司将转向使用高风险/高回报的艺术性工具。当移动团队准备系统化地寻找突破机会的时候，艺术性工具给了他们一种超越常规的思维方式和创新的契机。

有以下三种类型的艺术性工具。

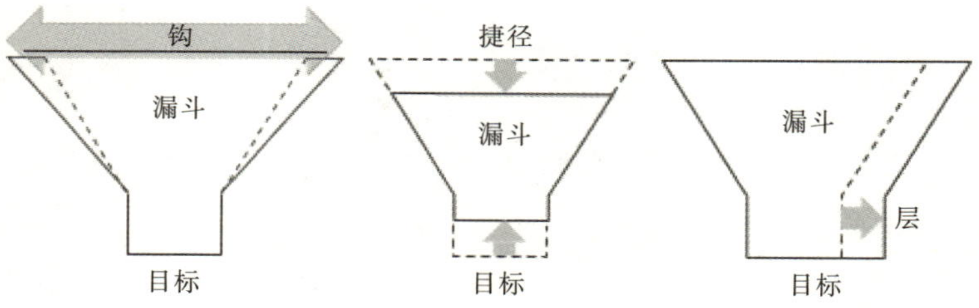

钩：是人们极大的好奇心使漏斗的顶部变得十分宽。想想 Facebook 的“赞”功能和 Zillow 的“估算”。（会有谁不想对他们的朋友表示赞同或知道他们的房子值多少钱吗？）挂钩模式吸引那些通常不感兴趣的顾客，它们为人们提供了一个适当的动机来进入漏斗。

捷径：从漏斗的顶部或底部（或两者）切下一片，即从用户的体验中去掉某些烦琐的过程，亚马逊的个性化推荐就是一个很好的例子。在你购买了一本书之后，一个“你可能喜欢的其他书”的推荐清单立即出现在你的眼前，巧妙地省略了搜索类似的书籍的过程。

层：可以在漏斗中打开一个全新的“层”，也就是创造新的渠道，让移动产品公司接触到客户。例如在早些时候，Airbnb 上提供的来自 Craigslist 的房源列表。虽然这不是 Craigslist 团队提供的合法服务，但 Airbnb 的确使用这个渠道极大地扩大了房源。

移动产品使用科学性和艺术性工具进行持续分析，解释和优化我们的环境，以作为我们思想的拓展。

诺基亚和 Facebook 为学习而生

我在诺基亚和 Facebook 工作时都应用了快速/慢速学习方法。

我们先从诺基亚说起。每天早上，我的整个团队都会有不超过 15 分钟的时间聚在一起。我们会回顾我们的目标，去探讨下一步需要做什么，以及谁将负责这个项目。我们不会把注意力放在今天要做的事情之外，明天要做的事情是明天早上这个时间要讨论的。

两周紧张的工作后，我们会更新我们的产品，并收集用户对我们所做的改进的态度。如果他们喜欢，我们将在这方面做出进一步的改善。如果他们不喜欢，我们就做到让其满意。基于这些早期信号，我们会拿出一套未来两周的新方案，然后回到我们每天都会进行的优化中。

这种方法产生的效果是惊人的。我们追踪的每一件事情看起来都像曲棍球球棒那样的形状去发展。整个团队对他们所造成的影响力感到很兴奋，这给了团队奋斗的动力，使他们能更好地合作和工作。我们的用户感到更加快乐，就会有更多的用户使用我们的产品，这逐步形成了一个良性循环。人们越频繁地使用我们的产品，就促使产品变得越好。这种方法是科学工具在实践中应用并起作用的一个例子。当它被用于工程组织时，通常被称为敏捷方法。

但诺基亚的销售和营销团队还是一个整体，整个组织的合作是天衣无缝的。因此，不再仅仅从技术层面来看结果，而是换了其他的方式。例如，在更可预测的和更优质的产品发布中，我们也看到了这种方法对业务的影响：用户增长速度更快，能更持久地保持，收入增长也更快。这不只是一项被不断优化、改造的技术，而是整个业务。这种做法肯定是非正统的，这是使用艺术性工具来促进交流和协作的一个典例。

由于出色的劳动成果，我们成功进入了应用商店排行榜的前百分之一，百万用户下载了我们的应用程序。我们的业务部门得到了诺基亚位于芬兰总部的高管的赏识，他们直接与我联系，试图了解我们成功背后的秘密。

我们邀请他们来旧金山了解我们的工作，那时正值一月，我们知道，这个邀请对他们是有很大的诱惑力的，他们不会拒绝这个提议。因为此时芬兰正被六英尺厚的雪覆盖，但旧金山几乎每天都阳光明媚。

在这次访问后，他们邀请我讨论把独立业务部门整合到更大的组织中的方法。商讨过后，我们的产品被预装在了每一个诺基亚智能手机上。这对我们的团队而言是一个巨大的成就，因为在当时，每出售的五部智能手机中就有两部是诺基亚。

诺基亚授权给我们这种小型、灵活的团队，给了我们快速学习、独立成长的机会。如果他们是成功的，时间点恰巧又是对的，他们就将其归并到主流业务部门中，通过这种方式来进行自我重塑。

现在，我们再来研究一下 Facebook。2013 年，我的团队进行了一个测试，以确定 Facebook 的用户是否愿意接收推送通知。

我们从曾选择关闭接收推送通知的用户中随即选取了一部分。在他们发送一个即时消息之后，我们立刻在屏幕上向他们展现推送该消息的效果。比如，及时让他们知道好友回复了这条消息。这就是一个吸引用户的典例，就是我们先前所描述的艺术性工具之一。

这个测试的棘手问题是，它需要用户进行多少操作。对那些喜欢接收推送通知的人来说，他们必须通过五个独立的步骤来更新他们的设置。这五个步骤都非常重要，任何一步都不能被省略。并且，我们不能替用户完成这些操作。

通常情况下，每进行一步操作，移动公司将损失 90% 的用户，所以我们几乎没有人期待进行这五步令人痛苦的操作，这是一个耗时的事情。

令我们惊讶的是，几乎四分之一的用户立刻就改变了自己的设置。我们一发现这种情况，就扩大了测试范围，完成了目标设定、跟踪、改进、冲洗和重复的科学研究方法。

有趣的是，这个特殊的测试揭示了用户的偏好变化。在我们进行测试前的六个月，大部分的 Facebook 用户对推送通知是否有用持怀疑态度，所以他们选择了关掉推送通知。他们自己也不清楚究竟需要什么通知，以及它们是否有价值，一些人甚至会觉得有点被冒犯了。

当用户知道一个朋友贴出了照片，并发送消息给他们，或在推送中提到他们时，推送通知可以让他们立即知道，此时人们都愿意使用推送通知，以前的情况现在已经有了很大的改善了。因此，我们必须适应用户的需求，并为用户重新提供一个契机，以让他们决定是否接收推送通知。

要点和分享

移动产品中优秀的东西从何而来？我们可以通过观察人类优秀的东西来进行学习。一些贡献卓著的人完成了很多人认为不可能的事，他们快速学习，不断适应和提高，缓慢地重塑自我，并开拓创新成为大师。移动产品也需要学会快、慢结合。

- 快：在移动产品中，用户行为和技术变革都在以令人难以置信的速度快速增长。移动产品公司明白，只有更多的用户去使用产品，这个产品才能变得更好。因此，它们需要确保产品在 Net Promoter Score（NPS）上获得尽可能高的评分。

- 慢：为了跟上移动产品创新的步伐，企业需要通过获得新用户、推出新产品，或创造新的商业模式来重塑自我。除此之外，它们别无选择。

- 移动产品公司依靠两种工具（科学与艺术）从用户那里学习。科学性工具让它们不断地测试，直到找到人们想要的东西。然后，他们在这方面下更多功夫，但某些时候会出现收益递减的情况。这时艺术性工具就开始发挥作用，它能让它们跳出固有的思维模式，做出巨大的改变。

过去、现在和未来的移动公式

CHAPTER 05

本章要点：

- 移动革命开始于 140 年前，但真正的突飞猛进始于 Facebook。
- 即使移动设备的外形看起来很酷，人们真正在意的还是其中的应用程序。
- “00 后”是移动革命的建造师。
- 本章案例研究：蒙特利尔市、Geminoids、Ginger.io、诺基亚、Periscope、Oculus Rift。

当 2007 年史蒂夫·乔布斯发布 iPhone 时，诺基亚对此并不在意，它认为这不足以对诺基亚构成威胁。用诺基亚工程师的话来说，用于制造 iPhone 触摸屏的技术是不可行的。

要了解诺基亚为什么会否定这一技术，你需要知道该公司的总部设在斯堪的纳维亚，那里冬天严寒难耐，人们习惯性地把自己裹在厚厚的衣服里。他们总是戴着厚手套，不想把手套摘下来使用手机。因此，诺基亚手机屏幕上的压力电阻式触摸屏允许他们戴着手套进行操作[76]。然而苹果的电容式触摸屏需要用户用手指与屏幕直接接触，所以人们需要摘掉手套才可以。

人们在预测未来的时候是很容易犯错误的，即使我已经在硅谷工作了很多年，我也没有把 iPhone 的发布当回事，也没有预见到计算机和电话之间的快速融合。回顾往昔，我不禁为自己当年对硅谷创新能力的幼稚估计而感到好笑。

我现在的观点比以前更全面，因为我已经从过去和现在学到的东西中找到了预测未来的方法。

过去：用硬件沟通

移动革命背后存在某种类型的大爆炸理论吗？我简单地回顾了一下，认为移动革命开始于第一代 iPhone 的推出。但就像大多数革命一样，移动革命是一种运动，是许多因素的组合。我可以列出十几处关键的始发地，从诺基亚的芬兰总部欧陆，到加州北部的硅谷，再到新泽西默里山的贝尔实验室，甚至包括米兰，以及托马斯爱迪生在俄亥俄州的出生地。

但如果我不得不选择一个时间点来作为移动革命的

开始，我会选择140年前，始于 Alexander Graham Bell。Aleck 早期与他的耳聋母亲 Eliza 之间的关系正如他的家人所知的那样，已经不仅仅是母子那么简单。他的母亲并不是通过耳廓来收集声音的，他用一种低沉的音色靠近母亲的头来讲话。他的声音形成了类似声波的强烈震动，因此 Eliza 可以听到他讲话。后来，他开始做聋哑人的老师（他喜欢这样自称），并与他的一位聋哑学生结婚了。

同时，Aleck 也是一个工匠，他在晚上学习科学和物理学课程，希望找到改进当时已很先进的电报技术的方法，让它们方便聋哑人使用。

他在进行研究之后，发明了一种新的机器。这项发明不仅改变了他的人生，也改变了其他人的生活。这项发明给他带来了很大一笔财富，也开启了一项全新的工业。这项伟大的发明究竟是什么呢？它就是电话。

从贝尔有线固定电话发展到21世纪初的便携式小无线手机，经历了近100年。由于其长方形的形状及与糖果相似的大小，所以早期的手机被称为“果条”。诺基亚完成了大多数“果条”的设计、生产和销售。

当时，诺基亚在世界上最受欢迎的品牌中排名第五[77]。当我最开始使用手机时，有五分之二的用户都在使用诺基亚手机，在诺基亚工作总是振奋人心的。

公司的使命就是与用户沟通，它圆满地完成了这一使命。诺基亚遍布世界各地的员工共同努力，通过非常棒的移动电话来沟通各种类型的人们：家人、朋友、商业合作伙伴。

很快，这些电话逐渐演变成功能手机，因为它们具备了新的功能，如访问互联网、存储和播放音乐，以及发送短信。有些甚至开始具备了小相机的功能，人们可以直接使用手机拍照，并发送给朋友。在公共场合用手机对着人或一个具有纪念意义的东西或许让人有些尴尬，但随时随地共享和沟通是如此有趣。

因为数据网络升级和触摸屏的缘故，现在许多人仍在使用功能手机。对大多数人而言，这是他们接入互联网的唯一入口，同时也是一个重要的功能。与西方世界78%接入互联网的比例相比，发展中国家的人们接入互联网的比例也惊人地达到了 97%，他们认为这改变了他们的生活[78]。

谷歌、Opera 软件和 Facebook（伴随它的 Internet.org 首创）等公司使用移动产品让地球上的每个人都能自由地接入互联网。当然，如果是接入互联网的专用网关，控制这些公司的影响力是很重要的，但实际上是通过使用移动产品接入，它们成功连接了数十亿永远不会碰电脑的人。

这些公司的运行发展非常有效地让使用互联网成为一种人权。试想一下，若企业或非营利组织努力让每个人都能看上电视，这会不会有同样的影响力？我认为不会。看电视是一种娱乐活动，而互联网是通往知识的大门，是交流的大门，是连接世界的大门。

因此，发展中国家的人们能从移动产品中获取更多东西，这和他们中的很多人都在使用过时设备访问互联网的功能是没有区别的。移动革命还给这些社会福利低下的人们带来了健康、教育、财富。

首先是健康。一些移动医疗产品让农村地区的孕妇能得到更加便利的医疗服务，这大大降低了孕期风险和婴儿死亡率。诺基亚生活工具不仅提供孕妇和儿童保健咨询，而且提供了一系列关于健康问题的信息和帮助，包括糖尿病、肝炎、呼吸系统、心脏和消化系统的健康信息。

其次是教育。联合国教科文组织和诺基亚最近的一项研究显示[79]，在发展中国家，成千上万的人使用手机来阅读书籍。若没有这种途径，住在偏远地区的许多人都将无法看到这些书籍。如今，互联网上的大部分内容都是英文的，因此，移动产品上的书籍一旦被数字化就能够被翻译成当地的语言。

最后是财富。现在 60%的发展中国家都在用像 M-PESA 一样的移动货币服务。[80]它们为之前没有银行账户的人提供金融服务。在没有货币服务之前，这些人必须用现金购买所有的东西，或者以物易物。

移动革命也促进了菲律宾和越南这样的地方的企业发展，如 Elance 和 99Designs 等服务，他们的设计师、程序员和客服可以完成外包项目和服务。

因为以人为本的原则是优秀的移动产品的核心，所以移动革命正在为所有人创造一个更美好的世界。

尽管从 Alexander Bell 发明电话，到诺基亚推出移动电话，再到苹果推出便携式计算机，甚至到智能手机出现，硬件已经发生了很大的变化，但是硬件在这场移动革命中只是微不足道的一部分。

现在：更少的硬件、更多的软件

对于像诺基亚和苹果一样的移动设备制造商，所谓的购买理由是手机被内部管理团队支持或拒绝的重要原因。

在功能手机时代，定位基本上全部是关于硬件能力的。他们会这样说："人们会买这部手机，是因为在市场上同等价位的产品中，它具有最好的拍照功能。因此，我们请求研发并推出这样的产品。"

在智能手机时代，关于硬件的定位少了，更多的是关于软件的定位。如今，人们购买能安装他们喜爱的应用程序的手机；把更多的注意力放在应用程序上，而不是拥有较高像素的摄像头上，这也是苹果和谷歌智能手机受欢迎的原因。

这并不是什么新鲜事。在 20 世纪 70 年代和 80 年代的计算机革命中，人们对软件的关注程度就已经超过了对硬件的关注程度。人们购买电脑已经不再因为电脑是一个看上去很酷的设备，而是因为它拥有很有用的应用程序，如 Microsoft Word 或 Pac-Man 和 Tetris 的游戏。

通过观察发现，在软件的操作系统方面，当微软的创始人比尔盖茨与 IBM 这个工业巨头做了一项非常有利的交易后，事情出现了转变，这个交易让微软每卖出一个 MS-DOS（微软磁盘操作系统）软件就得到一笔销售提成。在之后大约十年的时间中，微软占据了全球个人电脑市场超过 90%的份额。[81]

在硬件方面，更小的硬盘、更薄的屏幕、经过改进的键盘、鼠标的发明，是计算机所具有的吸引力中非常重要的一部分，但更大的吸引力来自软件。

现在的情况也是这样的，移动革命不再是触摸屏、摄像头和其他硬件的革命，而是软件的革命。网景创始人和硅谷偶像 Marc Andreessen 把它描述得多彩纷呈，他说："软件在归并整个世界。"[82]与他一起掌管移动产品的合作伙伴 Benedict Evans 认为："谷歌的移动设备（如 Dumb Glass）意味着它们是软件，是一个充满奇迹的容器。"

史蒂夫·乔布斯的聪明之处在于他将电脑的摩尔定律（他所了解的行业）运用到了手机上。摩尔定律是一个经验假设，计算机同时在变得更小、更智能、更便宜。这是违反常理的，因为在通常情况下，人们认为更智能的产品成本应该更高，而且使事物变得更小，就是效率更高，也更昂贵。但在电脑和移动电话领域，恰巧是与之相反的，主要是因为在这些行业中创新率非常高。（好吧，也许 iPhone 手机不会变得更便宜，但你应该能明白我的意思。）

事情在苹果和谷歌创建了移动开发者的生态系统后

开始加速发展。这时候，移动应用程序出现了，特别是应用程序 Facebook 的出现，它为现在其他移动革命中的应用程序指明了方向。

现在，人们去购买智能手机主要的理由就是可以随时查看 Facebook 的更新。Facebook 拥有超过十亿的月用户，成为了世界上最大的社交网站[83]。它联系着数以亿计的人们，可以不断地共享照片和信息，并在社交网站上更新生活状态。

如果你的姐姐上传了一张她刚出生的女儿的照片，你不想立刻知道吗？你不想立刻看到吗？没有手机的 Facebook 用户只能在他们方便使用电脑的时候去做这些了。这很不方便，也很让人懊恼。

现在，人们在智能手机上花费的时间的 1/10 都用于查看 Facebook。[84] 对于他们来说，移动革命不仅是能随身携带时髦的 iPhone，更意味着可以随时查看 Facebook。

因此，正如比尔·盖茨被认为是计算机革命之父一样，我认为移动革命之父是 Facebook 的创始人兼首席执行官——马克·扎克伯格。

几乎 90%的用户是通过移动设备使用 Facebook 的。[85] 对于一些像 Airbnb、Instagram、Uber、WhatsApp 和其他数以千计的成功移动应用程序来说，智能手机的流行变得更加重要。

一些较真的人可能会说，Facebook 是一家互联网公司，它变得移动化是因为它经历了移动先行的转型，正如我们在第 1 章中讨论的那样。它们可能会像 Yelp、Trulia 或亚马逊这些公司一样，不是移动产品公司而是互联网公司，因为它们是以网站起家的。但很显然，这些公司 2/3 的当前用户都是在移动设备上使用它们的产品，并且这些公司每个月在移动产品上都赚到更多的钱，而在其他方面赚的钱却在逐渐减少。它们可能曾经是互联网公司，但如今更像开发移动产品的公司。

移动公式案例学习：

智能手机上的 Facebook 应用程序

Facebook 的智能手机应用程序是建立在以人为本的原则上的，它复制和放大了人的行为和互动。下面，让我们来看看它是如何体现移动公式的。

第一个特征是美。要想取得成功，移动产品必须是美的，美来源于移动产品的效率和具有令人惊叹的特质。效率意味着移动产品中没有什么是多余的，而令人惊叹则是一个强大的原始情感。

Facebook 智能手机应用程序是如此高效且便于操作的，它被地球上 20%的人使用，并且启发了世界各地成千上万的移动产品设计师。

每个人体验应用程序的方式是完全独特的，它告诉用户他们的朋友现在是什么状态，它具有普遍的吸引力，它是令人惊叹的。

第二个特征是意义。移动产品总是与我们相伴，并且知道什么事情对我们是重要的。移动产品的意义通过个性化和社区化体现。

Facebook 智能手机应用程序十分了解什么对我们每个人最重要。在 Facebook 上没有任何人的经历是相同的，每个人都可以不断地个性化地设置自己的朋友和爱好，以及他们在 News Feed 中看到什么、发出了什么，等等。

至于社区化，Facebook 的使命是让世界更加开放和互联。Facebook 通过创建社区来使各地的人们沟通。

第三个特征是自学习。移动产品不断适应我们，它们做得又快又慢。适应关乎移动产品的生存。

快。在 Facebook 内部，有一种绝对的紧迫感，正在发生的事情的发展速度是惊人的。我在那里工作的时候，曾向一个同事询问一些我已经知道但需要汇总的信息，我希望他们的回复遵循这样的流程，“明白了。我来完成它并在一周内给你回复，因为现在我要把其他三个项目整合起来。”但令我惊讶的是，我的同事却说：”哇，那现在让我看看这个吧。汇总结果可能需要几个小时的时间。这可以吗？如果时间太长，请告诉我，我会找别人来帮忙。”

慢。“黑客”是硅谷极客文化的意思，它源于20世纪70年代和80年代的电话飞客文化。盗用电话线路是解构、学习和再利用电话系统。这种慢学习方式已经成为企业文化的一部分。每隔几个月，公司都举办黑客马拉松，员工会在通宵编码会话中创建快速原型。最好的将被整合进Facebook，这能使公司持续不断地进化。

一个可怕的未来

那么，移动革命未来究竟会怎样？

有些人是悲观的。他们认为我们的工作将逐渐被移动产品所取代。

在电影《摩登时代》中，卓别林可能是最早对工业化进行批判的社会批评家之一。[86]他通过标志性的小流浪汉角色，描绘了一个像豚鼠一样被关起来测试一个饲料分送机器的工厂工人，设计该机器的目的是为了取消午休。

小流浪汉被架在一个座位上，由机械臂喂食，并通过一个自动嘴部擦拭器定期清理。尽管最初一切都很顺利，但机器突然出现故障，发动机冒出的火花溅到了小流浪汉的脸上，嘴部擦拭器击中了他的头部。虽然他还在笑，但这是一个没有自尊的、不人性化的场景。

卓别林的观点是，猖獗的工业化会与人类的自然属性产生矛盾。工厂剥夺了工人的人性，流水线工人被看作机器的仆人，他们被需要只是因为自动化不能替代他们而已。

2014 年夏天，一个超现实机器人在日本的展会上展出[87]。这个女性机器人是卓越系列中的最新产品，被她的创造者、机器人专家 Hiroshi Ishiguro 称作 Geminoids。它是现代版本的渴望成为人的人造生物，就像匹诺曹或弗兰肯斯坦中的怪物一样。

Geminoids 不仅仅是看上去有点像人；它们看起来就像真正的人类，代表着移动技术的前沿，是极致的美。

还记得优秀的移动产品的两个特点吗？有效和让人感到惊叹。Geminoids 兼具了这两种特性。

Geminoids 对周围的人很有帮助，可以用很地道的日语回答问题（或其他任何语言），可以表现出善解人意、眨眼睛和坐立不安等人类具有的表达方式。而且，它们仿照了真实的人类进行设计，具有光滑的硅胶皮肤、友善的微笑和自然的头发，它们已经越过了被称为“恐怖谷”[88]的尴尬门槛。“恐怖谷”一词是由机器人学教授 Masahiro Mori 提出的，用于描述当人们与一些看起来很像但不完全像人类的东西互动时产生的反感。

Geminoids 似乎是大自然的一个完美的重新构建，因为它们拥有一样我们永远没有的东西：永恒的青春。难道你没有幻想过可以永葆青春吗？我确实有过。

但 Geminoids 没有这样的担心。他们唯一可能梦想的事情大概就是“电动羊”，但等到我们发现的时候，就已经太晚了，他们将会接管一切。

我们是处于逐步被移动产品取代和控制的风险之中吗？在电影 Blade Runner[89]和 Terminator[90]中描绘的世界末日的场景中，机器人控制了未来，这样的场景让我们战栗。但是，据斯蒂芬·霍金、Elon Musk 及别的一些有远见的人看来，高级的人工智能逃出我们的控制是一个真实的可能存在的严重威胁。他们担心，当我们意识到这一点的时候，采取行动已经为时已晚了。[91]

哲学家海德格尔在《关于科技的问题》[92]一书中写道：我们使用技术来扩大对世界的影响。但它需要进一步来解释技术作为一个放大镜怎样同时放大了人类好的方面和坏的方面。所以，我想移动技术可能会带来意想不到的后果，或者说，在极端的情况下，会被用来做邪恶的事情。

但是我赌它也可以用来做一些好事。看，我是一个实证主义者，我并没有将头埋在沙子里，但我认为大部分的好东西都将从移动革命中出现，由此我们将能够应对坏的东西。例如，许多作业机器人都在做的事情——调查危险环境、清洗工业管道——这都是非常危险的工作。生活在一个人类不需要做危险的事情的社会中，确实是一件好事。

移动产品也能使我们中的许多人更有意义、更有价值地生活工作。Heidegger 的学生、政治哲学家 Hannah Arendt 在她的《人的境况》[93]一书中，观察了现代技术如何改变了我们和所做的事情之间的关系，我们是因为活着才工作，而不是因为工作才活着。

她鼓励我们寻找更多的意义，她从劳动中区分了工作的意义。工作是一种我们都有的冲动，通过我们的天分和技术对世界产生一些影响并留下一些印记；而劳动是维持生存的需求。当工作是解放时，劳动就异化了，它们就成为一体。在生物学领域，劳动是动物所共有的特征，而工作是人独有的特性。

我相信移动革命可以帮助我们减少劳动量，并且使我们的生活变得更好。下面让我们来探讨一下未来的移动革命会是什么样的。

更美好的未来：新千年的一代正在努力创造

新千年的一代正在塑造移动革命的未来。

是什么致使新千年的一代有别于其他几代人，最基本也最重要的是他们对技术十分熟悉，他们通常被称为数字原生代，每天平均在线 6 小时[94]。目前，他们中的六百万人都是智能手机依赖者。这意味着他们每七个人中就有一个完全依赖于智能手机接入互联网。

Pew 研究中心[95]的一项研究将他们描绘成充满自信、相互沟通、乐于改变的人。让我们来对此进行一下解析，并将此与移动公式相结合。

首先，新千年的一代对于他们自身及周围什么是可以信任的十分有信心。他们相信周围的事物都是按照他们期望的那样在工作。他们相信移动产品（通常说的移动技术）使生活更轻松，并且使人与人之间更加亲密。他们希望移动产品能兼备易用性和简单性两个最重要的特点，美是其核心价值，这就是移动公式中的形体规则。

这意味着什么呢？设计师将在开发移动产品时扮演决定性的角色，新千年的一代不仅是需要使用，甚至是期盼这些移动产品的[96]。我们已经讨论过包含形体法则在内的移动设计依赖于一整套新的设计元素——有时会需要专注，有时会需要有所扩展。这些设计元素是现在的移动产品的设计基础，也可能是未来的最好的设计实践，例如可以让用户专注于它，广泛采用触摸方式和通过重视设计元素来优化性能。扩展设计元素的最佳实践包括启用位置感知服务，或者允许上下文提醒及推送通知，创建服务以使每天生活得更轻松。

当我观看 Periscope 上 Grateful Dead 的 Fare Thee Well 演唱会的现场直播时，我经历了一个未来性的时刻。

Periscope 是一个视频直播服务，据报道，Twitter 在 2015 年春天以一亿美元的价格收购了它。它的口号是“通过别人的眼睛来探索世界”，相信我，这不仅是一句口号这么简单。在我观看演唱会直播时，就好像我真的在芝加哥军人运动场一样，能和别人一起在现场体验音乐带来的快感。

Periscope 的创始人 Kayvon Beykpour 说：“我们认为我们正在创建一个隐形传播的产品。”[97]他不是唯一一个这样认为的人。其他几个移动产品团队认为，隐形传播即将瓦解。当然，这是我的玩笑话。

现在的娱乐体验有两种，也可以分为三个角度。将来，他们将围绕经历，将我们带到从未想过的能到达的地方。先进技术的效率会使其成为一种完美体验。反过来，这些经验也将让我们刮目相看。这是一种美。

下面是另一个正在进行的关于形体法则的未来的案例。

一群学生被邀请到斯坦福大学的虚拟人机交互实验室进行一项模拟实验[98]，旨在帮助人们战胜恐惧。

其中一人回忆说："当我周围的地板都消失了时，我只能在一块狭小的木板上保持平衡，在木板下方约 33 英寸的地方还有一个坑，我努力挣扎着不要掉下去。我甚至都要喘不上气了。但在现实中我的脚却牢牢地踩在地面上，可是我的大脑被欺骗了，让我相信我悬浮在空中。"

他戴着虚拟现实眼镜，这是 Facebook 收购的新的移动可穿戴设备，想用它来帮助人们克服恐高症。

在该实验中，参观者被邀请去尝试更多类似的让人身临其境的体验。一些实验让你看到自己在虚拟镜像中的交替反应，你成为了另一种人：女人、老者或有色人种。该演示包括其他的你容易虐待的人，这样做的目的是让你能站在别人的角度思考问题。

实验室中的其他工作站旨在帮助你更容易从疼痛中解脱出来，更好地管理你的金钱，以更健康的生活方式生活，等等。

它们的共同点是都利用了移动技术，而不是依靠照片或视频，以使用户感受整个拟真体验。不像电影《阿凡达》

中发生在主角身上的事情一样，将他们带入一个全新的环境，这就是虚拟现实。

这种新的娱乐方式和扩大我们边界的方式，可以使人们的联系更密切，以及更好地相互理解。它可以创建视角和同理心，也可以让我们相互信任和自信，向我们展示了形体法则的力量。

其次，与其他任何一代人相比，新千年的一代总是在线被连接的。他们希望自己的移动产品可以帮助人们解决困惑，这样他们就可以专注于对他们更重要的、更有意义的事情上。他们希望自己使用的移动产品，可以对他们需要接受的大量信息进行个性化排序，能帮他们来做一些日常的决定。他们需要一种方法来在过载的信息中寻找有价值的信息。这是精神法则。

这是什么意思？我和对用户体验富有远见的 Mike Kuniavsky 预测，我们的硬件设备将会成为一种化身[99]，移动产品将会改变自我。它区分了电冰箱、计算机等必须手动操作的设备和智能手机这种可以自动控制的设备之间的差别。智能设备很了解我们，可以学以致用。

Kuniavsky 说："你看似微不足道的设备……与世界上最强大的计算机有同样的能力"。其结果是，我们与硬件设备间的关系是变化的，它们正在成为一种化身——我们自身的拓展。

Kuniavsky 认为，将来每个设备都将是智能的。事实上，高盛公司预测，到 2020 年将会存在 280 亿个智能硬件设备[100]。这意味着地球上每个人会拥有四个硬件。如谷歌和苹果等公司已经开始扩展其移动平台来支持每一个设备，这种移动趋势被称作物联网。Kuniavsky 建议，三星、索尼、惠而浦和高通等顶级公司对这点要有充分的准备，因为它们的平台将很快使用我们在第 3 章中讨论的个性化和社区化滤镜来驱动整个城市[101]。

蒙特利尔市让我们隐约窥见未来城市的样子，它开发了一个结合了城市交通信息和地铁站附近的店铺信息的智能手机应用程序。乘客下了车后，展示给他们的将是一些个性化服务，如拐角处花店的折扣，或是隔壁比萨店的优惠券。很快，人们开始疯狂购物。事实上，商家推出的优惠只有 15%是兑现了的，这是店铺本地优惠券转化率的 5～8 倍，商家开始要求城市更广泛地使用该应用程序。

该市还希望找到方法来减少污染和拥堵，以提高生活质量。该市开发了一个名为“拯救树木”的手机游戏，每当人们使用公共交通工具出行，而非驾驶自己的车辆出行时，他们就节省了能源。每一次出行节约的能源约等于燃烧一棵树产生的能量。这给居民提供了一个创建关心社区环境的新方式。

这些试点项目非常成功，蒙特利尔市正在扩大其公共交通基础设施，并在不断寻找其他方式，通过个性化和社区化，将人们与对他们而言重要的事情联系起来，使市民和游客的生活变得更好。

当然，要想城市变得智能还有很多其他的因素需要考虑，包括监管和安全的需求。但也要稍事思考一下精神法则的可能性——通过个性化和社区化来实现对我们而言重要的事——整个连接城市的规模。个人交通实现的可能是令人振奋的：交通自我调节，没有红绿灯；即刻事故检测，提高了紧急服务的效率；与我们周围的车辆相连接，自动加油或者给电池充电；自动停车；自我保养。这不仅会使我们的道路和城市更安全，而且将让我们的生活更轻松。

最后，开放地对待变化意味着新千年的一代希望自己的移动产品与他们一同学习，希望它们能够根据思想法则去适应环境。

例如健康问题，这对新千年的一代尤其重要，因为不同于其他任何一代，他们是慢性疾病，如肥胖症和糖尿病的受害者。公司花费了巨资来促进减肥计划、吸烟治疗，以及转变其他不健康的条件和生活方式的进行。

移动产品可以为健康维护提供一个革命性的新方法[102]。因为它们总与我们在一起，可以从我们身上得到实时信息，这使它们能够监测慢性疾病和其他健康问题。

苹果、三星等移动平台已经开始为人们提供自动跟踪健康数据的服务，如心率测量。如果人们愿意，还可以与他们的医生共享这些信息，法国的一些医院已经同意进行试点。例如，当病人的心率变得不稳定时，这是一种心脏可能出现紧急情况的潜在信号，医生将会得到通知。

Ginger.io是硅谷的一个初创项目，它将苹果HealthKit提供的患者数据与其他信息结合。例如，通过他们所在的位置或电话联系人，主动诊断可能患有精神健康疾病的人。还可能注意到有人一直在家里待好几天，不与亲密的人联系也不发送电子邮件，推测他们可能出现了抑郁症早期症状，并自动通知他们的医生。

纽约城市大学的研究人员使用智能手机来更好地了解非法药物对公众健康构成的危害，他们进行了实验，借智能手机给一组有毒瘾的人，来收集有关他们的毒瘾的信息。他们根据收集到的数据创建了一个数学模型，可以通过药物在社区中的消费来预测艾滋病、肝炎这类疾病传播的可能性。他们根据研究成果对国家卫生基金会等健康组织提出建议。他们的研究有助于决定如何分配税款，以及按轻重缓急来推进那些限制不治之症在城市中蔓延的项目。

移动产品可以改变医学研究的方法。Medidata是一家进行临床试验的软件公司，已经开始使用智能设备来加速新药上市。其为患者提供一个移动设备，跟踪关键的健康指标，而不是要求患者在临床过程中进行一月一次的定期检查。这种方法大大加速了联邦药物管理局的批准速度，以便新的药物能尽快进入市场。

当然，在达到更高医疗服务水平的道路上，我们还有很多障碍需要克服。但是，只要我们不断改进、不断学习、不断适应，思想法则将帮助我们开发出可以缓解许多困扰现代社会问题的移动产品，如过度饮食、吸毒、性疾病传播、意外怀孕、抑郁症……这都充满了无限可能。

要点和分享

- 移动革命始于 140 多年前电话被发明的时候，但加速发展的时间却是在过去的 10 年中。

- 矛盾的是，移动设备仅仅是移动革命的一小部分：世界各地数以百万计的人们之所以购买智能手机是他们想使用 Facebook。人们看重 Facebook 和其他智能手机上的应用程序远远超过看重移动产品本身。

- 新千年的一代告诉我们，移动革命在未来可能给他们带来更多的机遇。他们想象中的移动产品的形象是：给人自信、帮助沟通、开放多变。在将来的产品中运用移动公式将带来新的极好的娱乐方式、实用的学习机会、所在城市个性化的体验、不间断的健康监测及更好的医疗，等等。

结论：现在轮到你了

现在你已经对移动革命有所了解了，那我们开始工作吧。究竟要怎样做才能开发出成功的移动产品呢？

如果你已经有了一个移动产品，使用移动公式来测试它，这一公式是所有出色的移动产品都遵循的设计法则——过去、现在和未来。朋友们，移动公式就是无所不包、无所不在的。

还记得我们之前说过的：作为人，我们对于自身的期望就是我们对于最好的移动产品的期望。我们希望这些产品看起来很美，可以帮助我们专注于对我们而言重要的事情上，并能不断地适应我们的环境。这不正是我们对自身的期望吗？具有吸引力的形体，能产生有意义的影响，以及大师级的思想。除了形体、精神、思想还有什么呢？

然而，现实才是检验真理的标准，并且对于产品的选择权掌握在用户手中。若你想从产品中找到不足之处，能做的只能是将精力集中在改进产品上。

你的产品是否通过了拇指测试？你使用的个性化设定能让用户更轻松地使用该产品吗？你有一个系统的方法来接受反馈，并且把这些反馈内容应用到产品的改进上吗？上述问题及其他种种问题，你需要问你自己和你的团队。

重温这本书的“要点和分享”部分，它们为你提供了一个找到不足之处和需要改进的方面的框架。

如果你刚开始创建一个移动产品，你将从哪里开始进行业务转型，以使它变得移动化？

要回答这个问题，我先来讨论两个关于 Uber 和 Sonos 的案例。

Uber 是移动革命的宠儿，也是共享经济的领导者之一。我们来看看移动公式在它身上是如何实现的。

Sonos 是一个出色的家庭音响系统，它最初看起来并不像一个移动产品。然而，该公司已经完成了把一个音乐硬件设备变为移动先行的服务产品的转变。用户们购买该产品的主要原因是可以通过自己的智能手机来操作它，这使得每天听音乐和寻找新音乐成为了生活中的一种乐趣。

那你的公司是怎样的？你觉得将其转变为移动先行的业务好吗？这些问题是没有标准答案的。许多事情必须适应新的业务才能取得成功，建立一个伟大的移动产品只是其中一方面。

Uber 是最美的智能手机应用程序之一，它明确地通过了拇指测试；它布局良好，没有浪费的空间，也没有使区域过于拥挤；它采用了设计元素，使该应用程序的操作过程变得简洁不繁复。在我注册后，指南就会非常清楚地告诉我，在什么时候使用 Uber 是最合适的，以及选择使用 Uber 的理由。只需要花很短的时间输入目的地就可以下好一次用车的订单。Uber 还采用了扩展的设计元素。例如，在我完成注册之前，它会询问我是否能使用我所在地的位置信息。了解位置信息是一种让使用体验更加个性化的必要方式。因此，Uber 完全融入了所处的环境中，它的工作范围几乎涵盖了所有地方。

Sonos 的音响使用应用程序对整个系统进行控制，它也有非常棒的设计。在第一次使用它时我就感到惊叹，我坐在沙发上，看到所有的音乐都排列在我的面前，显示在我的智能手机屏幕上。一会儿，我的母亲来看我，试着用了我的 Sonos，她也很喜欢并自己买了一个。Sonos 以高分通过了妈妈的考验，这是一种美的体验。

我们从效率和令人惊叹的角度讨论移动应用的美。那么你的移动产品是高效的吗？它通过了拇指测试吗？它是否令你的用户感到惊艳？它在妈妈测试中的评分如何？它在任何环境中都易于操作吗？有哪些用于关注的设计元素来帮助你的用户集中注意？扩展元素的使用又是怎样的情况？让我们回到第 2 章讨论的例子，从成功的创始人身上学到究竟设计精美的移动产品美在哪里。

Uber 是如何体现精神法则的？通过意义，最好的移动产品会伴随我们的每一天，所以它们需要做一些事来使我们生活得更加轻松，如 Uber 使我们更加轻松地到达目的地。对于很多人来说，这是一个生活拯救者，他们不再需要自己开车去上班，也可以很轻松且充满活力地去工作（还记得在雨天拦一辆出租车对我来说是一件多困难的事情吗？），他们觉得被照顾了。在路上时，他们可以结识新朋友、司机或乘客，他们加入了一个成长中的交通共享社区。

Sonos 在全世界有着数以千计的合作伙伴，所以我可以在某个瞬间突然听到法国的广播节目，这让我感到与祖国一直保持着联系。我还可以将 Sonos 与我的 Pandora 账户相关联，在高品质扬声器上播放我的个性化频道，而不需要起床或走到电脑旁边。这真是太棒了！听音乐毫无压力，成为了纯粹的快乐。

意义来源于移动产品的个性化和社区化。我们所讨论的那些内部滤镜中，哪一种使你的用户使用更加个性化？又用了哪一种外部滤镜呢？你需要你的用户做出怎样的妥协来迎合团体的社会规范？你要怎样做才能让他们有归属感？

最后，让我们来看看 Uber 的思想法则：学习。优秀的移动产品会随着时间的推移越做越好。Uber 的团队是我见过的最有雄心的团队之一。他们不断地观察用户如何使用 Uber、用户的行为如何逐渐变化。

有些人可能还记得 Uber 是以高端的黑色汽车服务起家的，之后它的业务扩展到提供出租车服务，又扩展到了拼车服务。它在旧金山起步，现在在数十个城市经营。这似乎还不够，Uber 意识到人们想要更多地按户可达的服务而不仅仅是便车服务，所以它又开始提供外卖服务。在对用户了解的程度上，我们很难找到一家能与 Uber 匹敌的公司。

Sonos 也运用了思想法则，始终牢记着文化转型是成为移动化的首要需求。现在，它的运作就像一家移动第一的公司，拥有一个巨大的后台办公室处理所有的事情，就像物流和硬件制造业一样。

那你的公司是否在应用思想法则？从现在开始，如果你想在市场中生存，需要找到方法来不断适应市场。你是否尽力去奖励那些影响和成果？你是否完成迭代过程，例如敏捷的开发方法？也许你需要一个成熟的团队来帮助你跟上创新的步伐？这时你可以考虑那些规模可观、方法合理的案例。

移动产品将超越智能手机和它们的应用程序，很快被嵌入到我们的衣服、首饰、手表和眼镜之中。你的计划中是否有其中的一款产品呢？Uber 的乘车共享和 Sonos 的音乐系统仍然会遵守移动公式的三个原则来保持人性化并获得成功。

我丝毫不怀疑移动革命将使我们的生活变得更好。还记得我在开始时所说的：这本书看起来像一本关于科技的书，但实际上它是一本关于人的书，好的移动产品复制并放大人们的行为和互动。

移动公式基于对人性不懈的关注，而不是一种服务的机器。一定要记住这一点。

希望你在读这本书的时候是开心的，并祝你好运。

参考文献

[1] http://money.cnn.com/2014/02/28/technology/mobile/mobile-apps-internet

[2] http://www.wsj.com/articles/SB10001424053111903480904576512250915629460

[3] http://www.huffingtonpost.com/sophiecharlotte-moatti/building-mobile-products-_b_8918348.html

[4] http://www.pewresearch.org/daily-number/do-you-sleep-with-your-cell-phone

[5] http://www.emeraldinsight.com/doi/abs/10.1108/13522751111137497

[6] https://en.wikipedia.org/wiki/Conspiracy_For_Good and http://online.wsj.com/news/articles/SB100014240 527487039 04304575497473735761294

[7] Books covering some aspects of the mobile revolution include Libert, B. (2013). *The mobile revolution*; Majeed, A. (2011). *Smartphone: Mobile revolution at the crossroads of communications, computing and consumer electronics*. North Charleston, South Carolina: CreateSpace; Pearson, A. (2009). *The mobile revolution*. Miami, FL: Qualex Consulting Services.

Articles covering some aspects of the mobile revolution include:

"Vital Signs 2003 Current Trends." *New Scientist* 178, no. 2396 (05/24, 2003): 8. http://search.ebscohost.com. libaccess.sjlibrary.org/login.aspx?direct=true& db=a9h& AN=9957457&site=ehost-live.

Beasty, Colin. "The Mobile Revolution Rings True." *CRM Magazine* 9, no. 10 (10, 2005): 20–20. http://search. ebscohost.com. libaccess.sjlibrary.org/ login.aspx? direct =true&db=a9h&AN=18605239& site=ehost-live.

Chisnall, Peter M. "The Mobile Revolution: The Making of Mobile Services Worldwide." *International Journal of Market Research* 49, no. 2 (03, 2007): 275–276. http://search.ebscohost.com.libaccess.sjlibrary.org/login.aspx?direct=true&db=bth&AN=24258551 & site =ehost-live.

Douglas, Jeanne-Vida. "The Mobile Revolution." *Brw* 31, no. 18 (05/07, 2009): 32–34. http://search.ebscohost. com.libaccess.sjlibrary.org/login.aspx?direct=true&db=a9h& AN=41786736&site=ehost-live.

Gallagher, Matt. "The Mobile Revolution." *Red Herring* (08/03/2010): 12–12. http://search.ebscohost.com.libaccess. sjlibrary.org/login.aspx?direct=true&db=a9h& AN=52 707178&site=ehost-live.

Grant, Ian. "The Mobile Revolution: The Making of Mobile Services Worldwide." *International Journal of Advertising* 25, no. (02, 2006): 119–120. http://search. ebscohost.com. libaccess.sjlibrary.org/login.aspx?direct= true&db=ufh& AN=19754854& site=ehost-live.

Johnson, N. J. "The Mobile Revolution: The Making of

Mobile Services Worldwide." *Choice: Current Reviews for Academic Libraries* 43, no. 8 (04, 2006): 1450– 1450. http://search.ebscohost.com.libaccess.sjlibrary.org/ login.aspx?direct=true&db=ehh&AN=20676279&site =ehost-live.

Logan, Mary K. "A Roundtable Discussion: Embracing the Mobile Revolution." *Biomedical Instrumentation & Technology* (09/02, 2012): 10–17 8p. http://search.ebscohost.com.libaccess.sjlibrary.org/login.aspx?direct =true&db=ccm&AN=108102788&site=ehost-live.

Merina, Anita. "Managing the Technology Takeover." *NEA Today* (Summer 2013, 2013): 16–16. http://search.ebscohost.com.libaccess.sjlibrary.org/login.aspx?direct=true&db=a9h&AN=93985859&si te =ehost-live.

Ozimek, John. "The Mobile Revolution." *Journal of Database Marketing & Customer Strategy Management* 12, no. 4 (07, 2005): 378–379. http://search.ebscohost.com. libaccess.sjlibrary.org/login.aspx?direct=true&db =bth&AN=17452960&site=ehost-live.

Ray, Subhjayoti. "The Mobile Revolution." *Economic*

& Political *Weekly* 48, no. 23 (06/08, 2013): 28–30. http://search.ebscohost.com.libaccess.sjlibrary.org/login.aspx?direct=true&db=poh&AN=101194387&site =ehost-live.

Treweek, S. "Joining the Mobile Revolution." *Scandinavian Journal of Primary Health Care* 21, no. 2 (06, 2003): 75–75 1p. http://search.ebscohost.com. libaccess.sjlibrary.org/ login.aspx?direct=true&db=ccm& AN=106103312&site =ehost-live.

Treweek, Shaun. "Joining the Mobile Revolution." *Scandinavian Journal of Primary Health Care* 21, no. 2 (06, 2003): 75. http://search.ebscohost.com.libaccess. sjlibrary.org/login.aspx?direct=true&db=a9h&AN =9755830&site=ehost-live.

Wirbel, Loring. "The Mobile Revolution. (Cover Story)." *Electronic Engineering Times* (01921541) no. 785 (02/21, 1994): 35. http://search.ebscohost.com. libaccess.sjlibrary.org/login.aspx?direct=true&db=a9h&AN=9408023987 &site=ehost-live.

[8] http://www.smartinsights.com/mobile-marketing/mobile-marketing-analytics/mobile-marketing-statistics

[9] http://www.forbes.com/sites/markpmills/2015/01/19/the-mobile-revolution-has-only-just-begun

[10] http://www.paulgraham.com/yahoo.html

[11] http://www.slideshare.net/jeremiah_owyang/a-day-in-the-life-of-the-collaborative-economy

[12] http://www.nielsen.com/us/en/insights/reports/2014/is-sharing-the-new-buying.html

[13] http://www.bbc.com/news/business-30442712

[14] https://hbr.org/2015/03/the-sharing-economys-new-middlemen

[15] https://en.wikipedia.org/wiki/Fordism

[16] https://sherpashare.com/share/2014-in-review-the-top-6-rideshare-driver-trends

[17] http://www.forbes.com/sites/ericjackson/2012/06/12/why-facebook-doesnt-have-mobile-in-its-founding-dna-and-why-that-spells-disaster

[18] http://productsthatcount.com/2015/01/video-jocelyn-goldfein-form-follows-function

[19] http://www.huffingtonpost.com/sophiecharlotte-moatti/become-a-mobile rst-comp_b_5353964.html

[20] https://en.wikipedia.org/wiki/Golden_mean

[21] http://www.dailymail.co.uk/sciencetech/article-2449632/How-check-phone-The-average-person-does-110-times-DAY-6-seconds-evening.html

[22] https://www.sciencenews.org/article/measure-beauty

[23] http://smile.amazon.com/Aesthetic-Measure-George-David -Birkhoff/dp/0674730224

[24] https://www.youtube.com/watch?v=9hUIxyE2Ns8

[25] http://www.pandora.com

[26] https://en.wikipedia.org/wiki/Music_Genome_Project

[27] https://instagram.com/press

[28] http://www.hongkiat.com/blog/most-expensive-tech-acquisitions

[29] http://www.greenowlmobile.com/

[30] http://www.goldenkrishna.com

[31] https://en.wikipedia.org/wiki/Amazon_Echo

[32] https://claralabs.com

[33] https://en.wikipedia.org/wiki/What_Is_Art%3F

[34] https:// ipboard.com

[35] http://www.theatlantic.com/technology/archive/2013/07/the-mom-test/277482

[36] https://airbnb.com

[37] http://joegebbia.com

[38] http://www.fastcodesign.com/1670890/how-airbnb-evolved-to-focus-on-social-rather-than-searches#1

[39] http://knockknock.co

[40] http://www.fastcodesign.com/1671237/frog-creates-an-open-source-guide-to-design-thinking

[41] http://productsthatcount.com/2015/09/99-design-guru-joe-robinson-on-tech-design-trends

[42] https://slack.com

[43] http://www.fastcompany.com/3042326/tech-forecast/

with-500000-users-slack-says-its-the-fastest-growing-business -app-ever

[44] www. ickr.com

[45] https://stripe.com

[46] http://www.huffingtonpost.com/sophiecharlotte-moatti/the-7-design-elements-of-great-mobile-products_b_8175942.html

[47] https://en.wikipedia.org/wiki/Hay_Day

[48] https://en.wikipedia.org/wiki/Her_(lm)

[49] http://www.apa.org/monitor/2012/01/self-control.aspx

[50] https://en.wikipedia.org/wiki/Tinder_(app) and http://time.com/4837/tinder-meet-the-guys-who-turned-dating-into-an-addiction/and http://time.com/4799/the -new-dating-game/ and http://www.gq.com/story/tinder -online-dating-sex-app and http://www.news.com.au/nance/business/the-real-story-behind-hugely-successful -dating-app-tinder/story-fn5lic6c-1226856885645

[51] http://productsthatcount.com/2015/05/5-27-nir-eyal-building-habit-forming-products

[52] http://ufdcimages.uib.u.edu/UF/E0/04/35/17/00001/Park_K.pdf

[53] http://www.scientificamerican.com/article/how-the-illusion-of-being-observed-can-make-you-better-person

[54] http://www.macworld.co.uk/news/iosapps/does-anyone-actually-use-siri-10-things-about-siri-make-it-worthwhile-3489208

[55] https://en.wikipedia.org/wiki/CALO

[56] https://en.wikipedia.org/wiki/Behavioral_economics and http://danariely.com/tag/behavioral-economics-2

[57] http://www.huffingtonpost.com/sophiecharlotte-moatti/the-five-personalization-_b_8805538.html

[58] https://en.wikipedia.org/wiki/Yelp

[59] http://www.hbs.edu/faculty/Publication%20Files/12-016_0464f20e-35b2-492e-a328-fb14a325f718.pdf

[60] http://www.yelp.com/factsheet

[61] http://goinswriter.com/robert-greene-mastery

[62] http://www.history.co.uk/biographies/nelson-mandela

[63] http://productsthatcount.com/2014/06/video-kristen-berman-building-great-products-using-the-insights-of-irrationality

[64] http://www.quora.com/Why-do-people-like-Whatsapp-so-much-What-makes-it-better-than-Facebook- Messenger and http://www.wired.com/2014/02/whatsapp-rules- rest-world

[65] https://www.facebook.com/photo.php?fbid=10102273327714831&set=a.529237706231.2034669.4&type=1&theater

[66] http://productsthatcount.com/2015/04/video-sami-inkinen-how-to-achieve-the-impossible

[67] http://sequoiacapital.tumblr.com/post/77211282835/four-numbers-that-explain-why-facebook-acquired

[68] http://blogs.opera.com/india/2015/05/opera-mini-top-android-app-in-india-says-mary-meekers-2015-internet-trends-report

[69] https://www.netpromoter.com/know

[70] http://productsthatcount.com/2015/09/930-growth-guru-sean-ellis-on-products-meets-growth

[71] http://www.bloomberg.com/news/articles/2014-02-17/rakuten-falls-on-900-million-deal-to-acquire-viber-message-app

[72] http://productsthatcount.com/2015/05/623-facebook-analytics-vp-on-big-data-bigger-impact

[73] https://en.wikipedia.org/wiki/Steve_Blank#Lean_Startup_Movement

[74] http://www.coelevate.com/essays/growth-vs-marketing-vs-product and http://www.coelevate.com/essays/ product-market- t

[75] http://www.huffingtonpost.com/sophiecharlotte-moatti/three-deceptively-simple-_b_8334508.html

[76] http://www.goodgearguide.com.au/article/355922/capacitive_vs _resistive_touchscreens

[77] http://www.rankingthebrands.com/The-Brand-Rankings.aspx?rankingID=37&year=38

[78] http://www.mobileindustryreview.com/2015/05/mobile-

technology-developing-nations.html

[79] http://time.com/74584/unesco-study-mobile-phones-book-reading-literacy

[80] http://www.mobileindustryreview.com/2015/05/mobile-technology-developing-nations.html

[81] http://www.historylink.org/index.cfm?DisplayPage=output .cfm& le_id=2294

[82] http://www.wsj.com/articles/SB10001424053111903480904576512250915629460 and http://ben-evans.com/benedictevans/2014/7/3 /the- next-phase-of-smartphones

[83] http://www.statista.com/statistics/264810/number-of-monthly-active-facebook-users-worldwide

[84] http://marketingland.com/report-mobile-users-spend-80-percent-time-just- ve-apps-116858

[85] http://www.adweek.com/news/technology/facebooks-mobile-base-1-billion-users-bigger-all-twitter- 166168

[86] https://en.wikipedia.org/wiki/Modern_Times_(lm)

[87] https://www.youtube.com/watch?v=fXaaprU9DhY and

https://www.youtube.com/watch?v= IhVu2hxm07E

[88] https://en.wikipedia.org/wiki/Uncanny_valley

[89] http://www.imdb.com/title/tt0083658

[90] http://www.imdb.com/title/tt0088247

[91] http://time.com/3614349/arti cial-intelligence-singularity-stephen-hawking-elon-musk

[92] https://en.wikipedia.org/wiki/The_Question_Concerning_Technology and https://en.wikipedia.org/wiki/ Gestell

[93] https://en.wikipedia.org/wiki/Hannah_Arendt#Works and http://www.iep.utm.edu/arendt/ and http://plato.stanford.edu/entries/arendt

[94] Millennial Survey: Global Results, Telefonica, 2013, and http://www.pewinternet.org/fact-sheets/mobile-technology-fact-sheetand http://money.cnn.com/interactive/economy/diversity-millennials-boomers

[95] Millennials, A Portrait of Generation Next, Pew Research Center, 2010.

[96] http://www.huffingtonpost.com/sophiecharlotte-moatti/

3-best-practices-to-get-c_b_5910572.html

[97] http://www.theguardian.com/technology/2015/mar/26/periscope-review-twitter-live-streaming-service-meerkat

[98] http://www.usatoday.com/story/tech/columnist/bai/2015/06/16/stanford-vr-lab-overcome-fear-reduce-prejudice/28805611

[99] http://productsthatcount.com/2014/09/video-mike-kuniavsky-cloud-meets-internet-of-things

[100] http://www.goldmansachs.com/our-thinking/outlook/internet-of-things/iot-report.pdf

[101] http://www.huffingtonpost.com/sophiecharlotte-moatti/after-mobile-3-opportunit_b_6702824.html

[102] http://www.huffingtonpost.com/sophiecharlotte-moatti/how-the-internet-of-thing_2_b_6818982.html

感　谢

写一本书是我一直想做的。作为法国巴黎的高中学生，我在追求科学的道路之前汲取了很多文学知识。没有想到我周围的人，尤其是我的朋友和同事，会带我回到最初的梦想。我永远希望会有一个互相支持、鼓舞人心的团队，不断挑战自我，发现更好的自己。

我特别感谢我的多文化家庭，让我感受到生活在一个伟大而美好的世界，并且让我保持开放的态度，勇敢的生活。我优秀的母亲：Brigitte Duval，她为法国的小学生写了第一本学习英语的方法的书；我已故的父亲：Georges Alain Moatti，勇敢面对内战和慢性疾病；我的姨妈：

Lou-ise Moatti，一位伟大而独立的女人；我已故的祖父：Pierre Duval，一位卓越的工程师，在我会走路前就相信我。他们都是我的最爱，这本书是我专门为他们所写。

特别感谢我美好的生活伴侣：马特·休斯顿，他永远让我的生活充满生气，无私地让我感受着他的爱。

谢谢亚历山德拉·沃特金斯，没有他这本书就不会存在；帮助我润色手稿的马克·利维、克里斯蒂弗·克劳夫和刘冉；还有为我写了前言的尼尔·埃亚。

感谢 Jeevan Sivasubramaniam 和赞助的 Berrett-Koehler 出版社团队，我很荣幸能成为您的作者之一。

感谢 Chris Anderson、Alexei Andreiev、Dan Arieli、Dan Arkind、Jonathan Badeen、Bogomil Balkansky、Sigal Bareket、Jamie Barnett、Roy Baumeister、Kenneth Berger、Kristen Berman、Kayvon Beykpour、Bruno Bilik、Ali Binazir、Andrew Burtis、Noah Blumenthal、斯图尔特·黄特、威尔·卡斯卡特、蒂姆·张、安德鲁·陈、陈陈、约翰·乔特、Sangeet-Paul Choudary、Charles de Coquet、Chris

Cox、Charlie Crocker、Sean Dugan、Benedict Evans、Clark Freshman、James Friedman、Gaurav Hardi-卡尔、乔·格比亚、米歇尔·杰洛特、玛丽·劳尔 Goepfer、Jocelyn Goldfein、巴里·格兰特、罗伯特·格林、霍华德·霍、Ethan Imboden、Sami Inkinen、Alexandra Ivacheff、罗比·凯尔曼 - 巴克斯特、金克里希纳、Yann Kronberg、Mike Kuniavsky、Reza Ladchartabi 、Jaron Lanier、James Lattin、Loan Le、Bastian Lehman、Geraldine Le Meur、Grant Lindsay、Brian Long、Alexis Longinotti、Matt Man、Jona-比 Mayer、John Maull、Mike McCues、Lull Mengesha、Lisa Miller、Bill Miranda、Mary Mookini、Rich Mironov、Sverre Munck、Tara-Nicho 尼尔森、米歇尔·莫里森、Chris Neumann、Julia Nguyen、Kathy Nicholson、Tero Ojanpera、Dan Olsen、Jeremiah Owyang、Joseph Perla、Thomas Piketty、Herve Pluche、Scott Rafer、Joe Robinson、Patricia Roller、Dan Rubinstein、Ken Rudin、Camille Sanandaji、Carol Sands、Jill Schaeffer -Hetherington、Philipp Schloter、Eric Setton、Hiten Shah、Peter Shin、Julia Shur、Eric Singley、Ed Simnett、Fidji Simo、Chloe Sladden、Lael

Sturm、Karl Sluis、Paul Tyma、Sigurt Ulland、Kira Wampler、Amy Wilkinson、David Wygant 和马克·扎克伯格（Mark Zuckerberg）。

感谢 Benjamin Abou、Gabriel Aractingi、Hanah Nah Arendt、Simone de Beauvoir、Albert Camus、Albert Cohen、Jean-Michel Detavernier、Nicolas Gogol、Steve Jobs、Milan Kundera、Yukio Mishima、Emile Moatti、Berner Nivollet 和深 Sahni。

感谢“Product That Count”的忠实成员，你们提供了有见解的反馈和精神上的支持。

最后，谢谢您，读这本书的每一个人。您真棒！

关于作者

作为移动化先驱公司（如 Facebook、Trulia 和 Nokia）的总经理，SC Moatti 已经推出并卖出了数十亿人使用的移动产品，还获得了包括一项国际数字艾美奖提名在内的多项著名奖项。目前，她在经营着一个名叫 that count 的产品，该产品是一个帮助各种规模的企业向移动化转变的组织。她还是 Opera 软件公司的董事会成员，Opera 软件公司是一家公开上市的移动巨头，拥有超过十亿的用户。她还拥有斯坦福大学的 MBA 学位和电气工程硕士学位。

SC Moatti 是移动产品、创新和领导力方面的演讲者和作者。她关于移动产品和移动革命的评论可以在

scmoatti.com、哈佛商业评论、赫芬顿邮报和其他论坛找到，也可以在 LinkedIn 上与她取得联系。

SC Moatti 是法国巴黎人，现住在加利福尼亚州的旧金山。当她不工作时，她喜欢跳探戈、练武术和举办各种聚会。